星云禅话

随心自在

中华书局

图书在版编目(CIP)数据

随心自在/星云大师著. —北京:中华书局,2015.4
(2023.5 重印)
(星云禅话)
ISBN 978-7-101-10514-8

Ⅰ.随…　Ⅱ.星…　Ⅲ.禅宗–通俗读物
Ⅳ.B946.5-49

中国版本图书馆 CIP 数据核字(2014)第 292264 号

书　　名	随心自在
著　　者	星云大师
丛 书 名	星云禅话
责任编辑	何　龙　焦雅君
责任印制	陈丽娜
出版发行	中华书局
	(北京市丰台区太平桥西里 38 号　100073)
	http://www.zhbc.com.cn
	E-mail:zhbc@zhbc.com.cn
印　　刷	北京盛通印刷股份有限公司
版　　次	2015 年 4 月第 1 版
	2023 年 5 月第 4 次印刷
规　　格	开本/787×1092 毫米　1/32
	印张 9½　插页 10　字数 80 千字
印　　数	22001-25000 册
国际书号	ISBN 978-7-101-10514-8
定　　价	36.00 元

参禅何须山水地
灭却心头火自凉

《星云禅话》要出版了，这是我在《人间福报》头版，继《迷悟之间》《星云法语》《人间万事》之后，第四个每日不间断、连写三年的专栏。

回想《人间福报》创报之初，我为了鼓励大家多创作，同时为扭转一般报纸头版打打杀杀、口水横飞的风气，承诺每日提供一篇千字的稿子，给头版刊登。时间倏忽过去十四年，我不曾一日间断。《星云禅话》就是在二〇〇九年到二〇一二年间所写的内容，但是若要追溯撰写禅话最早的因缘，则要回到一九八五年。

当时我应台湾电视公司之邀，在节目上讲说禅的宝典——《六祖坛经》，节目播出以后，各方对于禅的渴求讯息，如雪片般纷飞而来，于是有新闻晚报副刊邀请我，每日为它撰写一则关于禅的公案，题名"星云禅话"，美国与泰国的《世界日报》也一并刊登，这是我最早写禅话公案的因缘。

后来又有人建议，将禅话制作成电视节目，让更多的人享受禅的随缘放旷、任性逍遥，因此有了电视制作人周志敏女士所制作的"星云禅话"节目，在一九八六年播出。一年后，台视公司将它结集成《星云禅话》四册出版发行。

这以后，《星云禅话》多次再版再刷，佛光、联经出版社也曾先后出版过，到底出版了多少次、发行了多少本，我也不曾去深究。所谓搬柴运水无非是禅，出版发行又何曾离开禅！只不过有一样，我一直挂碍着，那就是过去这些禅话公案播出或出版时，我正忙碌于海内外的弘法布教，夜以继日地撰写，之中颇有些匆促而成，恐怕挂一漏万、未尽圆妥，时常想着有机会要将不妥之处修正过来。由于这个因缘，多年后"星云禅话"便在《人间福报》再次和读者、信徒相见。

这次所刊登的"星云禅话"，除了修正旧稿之外，大部分都是新增的禅话公案，一共有一〇八四则。从这些公案里，我们可以体会禅的大机大用。禅，不但有机锋，还有慈悲、幽默、洒脱、率真……它是生活中一股安定心灵的力量。运用禅的智慧，可以让我们的生活少一些烦恼，多一些解脱，所谓"参禅何须山水地，灭却心头火自凉"。

禅有千百种面向，禅是千年暗室，一灯即明；禅是一朝风月，万古长空；禅是搬柴运水，穿衣吃饭；禅是行住坐卧，语默动静；禅是参究自心，本来面目；禅是青青翠竹，郁郁黄花；禅是一钵千家饭，孤僧万里游；禅是至道无难，唯嫌拣择，但莫憎爱，洞然明白……希望有缘的读者，能够在禅的三昧中，保任心的活水源头，在生活中受用无穷。

　　于丹女士，张毅、杨惠姗贤伉俪，以及名医杨定一博士，为本套书作序，在此一并致意感谢。

　　是为序。

二〇一三年八月于佛光山开山寮

因为心系人间

烈焰炙身

汗水映火舞

意志点亮生命

淬炼

艳火莲华一朵

刹那

即静　即禅

佛光山佛陀纪念馆开幕的前十天，为了普陀洛伽山观音殿的千手千眼观世音，我和十几位伙伴在纪念馆昏天黑地全力赶工。

所有的人都听说星云大师中风住院了。

纪念馆的工程如火如荼，到处是赶工加班的工程队，夜晚，纪念馆里、纪念馆外，到处灯火通明，一切仿佛如常。

但是，每个人心里，有块石头。

忍不住去问佛光山的师父，所有出家众对星云大师的事，守口如瓶。

但是，每天早上，到佛陀纪念馆上工，仍然忍不住要打听一下，星云大师怎么样了？

这次，说星云大师已经出院了。

所有的人松了一口气。

但是，为什么不在医院多休息一下？没有答案。

我们继续在佛陀纪念馆里忙碌至深夜，十一点多收工，一大群人挤满车子，由纪念馆出来，往纪念馆大门走，预备回朝山会馆休息。

夜晚没灯，突然，看见车道的工地上有人，仔细看是佛光山的师父，中间有人坐在轮椅上，用雷射光笔在还没有完工的车道上，比画来比画去。

竟然是星云大师。

心里一惊，第一个反应是：老先生，您不要命啊？

突然想起，有一次，星云大师看到张毅，笑着问：你知道我年轻时候，最想做什么工作？

我们一愣，都说不知道。

星云大师笑着说：我想做导演。

长久以来，我一直想不通，导演？为什么是导演？

那天深夜看到因中风刚出院，就三更半夜，坐在轮椅上用雷射光笔在车道工地上指挥的星云大师，竟然又想起这个问题。

他最终没有去做导演，而成为今天的星云大师，在他的生命深处，的确充满了一个导演的性格倾向：当你聆听他的开示，以及阅读他的文字，那种信手拈来，都能引人入胜的感染力，说明他是天生的传播高手。这种与生俱来就有强烈的话要说的动力，确实是所有导演的共同血液。

然而，当那种动力，由虚拟的戏剧，提升到人间的苦难关怀，和众生的无明的解脱，导演的工作，可能变得无力而虚无。因为，面对真的无边人间苦厄，需要投入的，不再是短暂的创作工作，也不可能有任何个人的浪漫虚荣，更重要的是，没有什么风花雪月的期待。

需要的是，真正的生命无我无私的投入。

因此，那个原来可能是个高明的导演的人，六十年来，心无旁骛地成了今天的佛光山的星云大师。

张毅 杨惠姗

琉璃工房 执行长 / 艺术总监

听佛陀讲故事

大凡幸福的孩子，童年都是有故事听的。

无论偎在妈妈的怀抱里，还是躺在奶奶的蒲扇下，哪怕是蹲在村里老爷爷的板凳边，人性里最早的是非之心、善恶判断，就始自听来的那些故事。小时候只是听得痴迷有趣，长大后遇见世间沧桑，故事深处的道理，才分明起来。

公案禅话，就是历代高僧讲的故事。

而佛性，就藏在人人童年的本真之中。没有受到世事习染的本心倘能明朗坚持，就是中国本土禅宗修佛的境界了。

自达摩祖师东来，不立文字，教外别传；自五祖弘忍传至六祖惠能，一花五叶，心心相印，舍末究本，一门深入，明自本心，见自本性。五祖开示称："不识本心，学法无益，若识自本心，见自本性，即名大丈夫，天人师，佛。"

六祖以"本来无一物，何处惹尘埃"的清朗自性，遁入深深红尘，在猎人队伍中隐匿十五年，承接衣钵，一语道破"若识自心，一悟即到佛地"，只因为"菩提自性本来清净，但用此心直了成佛"，这部奠定了禅宗基础的《坛经》甚至简约到了"惟论见性，不论禅定解脱"，以般若智慧传递给众生一种充满肯定的态度。"汝等自心是佛，更莫狐疑。"

那么，红尘修佛，唤醒自性，所由路径何在？

听听高僧讲的故事吧。

六祖自猎人队伍中归来时，途经法性寺，听见两位僧人对着飘动的经幡争论不已，一人说是风在动，一人说是幡在动，历经磨难一心不乱的六祖一言开示："其实不是风动，也不是幡动，而是二位仁者的心在动啊。"（《风动？幡动？》）

站在二〇一三年早春萌动的时节里，所有关于

"末世"的恐慌都随着上一个年头的冬至日杳去，但是我们心里的纷扰还在，迷失在喧嚣悲欢中的惶惑一点儿没少，到底是这个世界变得太快，还是命运把我们扔到了边缘，说到底，"心静则万物莫不自得，心动则事相差别现前"，看透了自己的心动，离心静也就近了一步。

而自己这一颗心，量大时足以造一座高楼，量小时用尽全部也只造一根毫毛，如同星云大师开示："能大能小，能有能无，能苦能乐，能多能少，能早能晚，能冷能热，因为禅心本性，无所不能。"（《能大能小》）

人的一生都在追求自由，绝对的身体行为自由是不存在的，但是心的自由却是无极的。中文这一个"闷"字，不就是"心"外关了一扇"门"，自己不打开，又有什么样的外力能帮你放出来呢？或许，人不能左右生命的长度，但可以把握生命的宽度，用一生光阴，究竟把自己活成了浩荡大河还是涓涓小溪，两岸的宽度就取决于心量的大与小。

如果以为修为历练一颗心，只为放下烦恼逍遥出世，就辜负了"觉有情"的佛陀本心。这个攘攘红尘深处，藏了多少婆娑深情，弟子淘米时不慎冲掉一粒米，就被师父提点算账：一粒米生二十四个芽，长出二十四个稻穗，每棵稻穗长出三百粒米，一年下来就是七千二百粒，这些米再播撒下去，到来年就是五千一百八十四万粒米的收获。所谓"一滴润乾坤"，在乎了一粒米，那份谦恭与感恩就实证了一沙一石包容大千世界的华严精神。（《一滴润乾坤》）

想想我们今天的餐桌上，堆积如山的浪费，背后是多少不知惜福不知敬畏的狂妄心。

深沉而朴素的敬畏与感恩有时只在一个瞬间的本能中寄寓：小店主做了一笼热腾腾的包子，满身沾着面粉就欢天喜地跑去奉给禅师。禅师一见，马上回房穿上庄严的袈裟，山门郑重接受几个包子，只为敬重一份诚恳与热忱。佛如光，法如水，僧如田，良田福地的耕耘就是一生中的所有瞬间积累。（《工作热忱》）

想来今天世事人心，男人买到一座豪宅或宝马车的时候也未必就真有欢喜，女人买到 LV 的手袋或 Dior 套装的时候也未必就知足珍惜。这些奢侈品带不来的，大概就是那几个热包子奉上时不掺虚假的热忱，还有禅师庄严接受时发自内心的虔诚感激。

但，是不是听了这些故事就一瞬间醍醐灌顶呢？倘若去请教一句点化，赵州禅师会说："老僧半句也无。"(《老僧半句也无》)而洞山良价禅师后来悟出的境界更好："也大奇，也大奇！无情说法不思议，若将耳听终难会，眼处闻声方得知。"(《无情说法》)

或许，这才是禅宗真正的曼妙之处："若开悟顿教，不执外修，但于自心，常起正见，烦恼尘劳常不能染，即是见性。"

纷纷攘攘红尘深处，到处都有机缘去悟去懂，事事无碍，迷失的本心，一旦觉悟，澄明高远的境界呼之欲出。

星云大师曾经给我讲过他出家的真实经历：

结缘志开上人后，当年只有十二岁的大师立志弘法出家。被领到住持面前受戒，住持问："这个孩子，是谁让你出家的？"

孩子想一想，气概十足地说："是我自己愿意出家的。"

不期然，住持抄起藤条劈头打下来："小小的年纪，好大的胆子！没有师父指引，你出得了家吗？说，谁让你出家的？"

孩子知错，顿时改口："是师父让我出家。"不期然，藤条又落在头上："这么大的人了，没有主见么？师父让你出家便出家？说，谁让你出家的？"

孩子想想，果然哪个单一角度都不周全，这次很圆融地回答："是师父带我来的，也是我自己愿意出家。"

藤条依旧落下来，这一次根本不解释，只是问："说，谁让你出家的？"

孩子被打得越发懵懂，但一心已定，只好说："我自己也不知道，你打我就是了。"——这个最不像样的答案终于让住持放下藤条："坐下剃度吧。"

这段故事，我曾在学生就业前讲给他们听：未涉世事时，书生意气的少年心总带了些自以为是，言之凿凿乘愿而来，或秉承师命而来，都没有错，但一定会被世事历练，一次又一次地修理。此后渐次悟出单一角度的偏颇，学会周全兼顾时还是挨打，大部分人心中大不平衡，自此愤世嫉俗，把人间看作炎凉是非的深渊，放弃做有益的事，甚或连自己的善根本性都放弃了。而另外一小部分极具慧心的人却会向更高境界再多一步：不能因为挨打就放弃本心，踏实去做当下每一件认为该做的事情，这个复杂的世界防不住什么地方会出来棍棒，那么，你打我就是了。而这样一想，便是不挨打的开始。

这段故事，我也作公案听，真实经历何尝不是禅话。

这一套《星云禅话》，有多少史上公案，都被星云大师以自己的体温暖热，再输送到我们的心里。

禅宗讲求体用不二，定慧一体，空有圆融，性相一如。在一个过分嘈杂的时代里，明心见性，是一件既简练又深邃的事情。

"不悟即佛是众生，一念悟时众生是佛。"

北京师范大学教授

滚动心轮

应邀为《星云禅话》写序，我本来不敢承诺，一则深感荣幸；二则觉得不够资格帮星云大师写序，谈到禅，更是自觉不足。然而为表达对大师的尊敬，也就勉为其力。

在《星云禅话》套书中，大师透过圆融贯通的笔触，把禅门的故事、话头，运用到生活中。可看出大师对禅与佛法的中心理念，是佛法离不开生活与心念行为，从大师的修为也可以得到充分印证。大师平日的言行，充分体现了佛法的教导，展现出最高的智慧与慈悲，而不仅是理论或智慧的理解，这是大师最令人钦佩之处。大师的教法很独特，以身作则，力行佛法。然而这还不是最稀有难得的，是从信众所传达出大师的谦虚、平凡、无架子，与任何人都能圆融沟通，给人方便，包容佛法各派传承，这是当今时代最需要的，而大师充分体现出这样的风范。

大师这样圆融的成就，是非常不容易的。这是多年来坚持佛法，观照自己的行为与所教的相符相合，因此能感动全球数百万信众，弘扬佛法于五大洲。个人对大师的理念与修持非常景仰，平日所推动的各项活动，也都希望能符合大师的教导。譬如：大师倡导"三好"运动多年，所谓"三好"就是做好事、说好话、存好心，以身口意来奉行佛法。事实上，对于因忙碌生活、紧绷压力所带来的心灵危机，大师所推动的"三好"运动正切合现代人所需。个人也认为，当抱持感恩与慈悲的念头，自然会做好事服务人，说好话赞美人，存好心为人设想。行住坐卧都能落实三好，起心动念都是欢喜修行。

希望读者朋友在体会禅味之余，打开心胸，接受大师的话。以自己的身心行为，来验证大师的教导是否契合有用，更要时常参考大师的话，将佛法应用在生活中。

杨
定
一

长庚生物科技董事长

目 录

卷一

卷二

卷三

卷一

因为有了禅，世界就不一样了。所以任何地方都是清净的国土，任何地方都可以洒脱自在。

风动？幡动？

六祖惠能大师在五祖弘忍处得到衣钵之后，五祖要惠能到其他地方去避难，以免遭嫉妒他的人陷害，五祖还亲自送惠能一程。

两人来到一条小河前，看到旁边有一艘小船，五祖弘忍转头对弟子惠能说："让我带你乘船，渡你过去。"惠能非常尊敬地对老师说："迷时师度，悟时自度。"意思是说要找回自己，就要靠自己。

后来惠能在猎人队中隐居了十六年，磨练心性，等待机缘成熟。十六年后，惠能离开猎人队，踏上弘法教化之路。有一天，途经广州法性寺，看到两位出家人对着一面幢幡，面红耳赤地争论不休。惠能上前一听，原来二人是在争论幢幡所以会飘动的原因。

其中一人说："如果没有风，幢幡怎么会自己动呢？所以是风在动。"

另一个人则说："幢幡若没有飘动，又怎么知道风在吹动呢？所以应该是幢幡在动。"

两人各执一词，互不相让，惠能于是对他们开示："二位请不用争论，其实不是风动，也不是幡动，而是二位仁者的心在动啊！"

养心法语

从这则公案可以看出禅师们对外境的观点，完全是返求自心，而非滞留在事物的表相上。现象只是片面的存在，种种事相上的分别，完全是因为我们的起心动念。所谓"心静则万物莫不自得，心动则事相差别现前"，因此要达到动静一如的境界，其关键就在于吾人的心是否已经去除差别妄想，是否能够体会禅心，是否能够证得涅槃寂静。

瞬目视伊

香严智闲禅师和仰山慧寂禅师都是沩山灵祐禅师的弟子。有一天，仰山禅师带着试探的语气询问智闲禅师："师弟！你最近参禅的心得如何？"

智闲禅师没有直接回答，却用了一首偈语回答师兄："去年贫，未是贫；今年贫，始是贫；去年贫，犹有立锥之地；今年贫，立锥之地也无。"

仰山禅师听了就说："师弟！我承认你深契如来禅，至于祖师禅，你还没有入门呢！"

于是，智闲禅师作了另一首偈语："我有一机，瞬目视伊；若人不会，别唤沙弥。"

听了师弟所说的这首偈语之后，仰山禅师非常高兴，便去报告老师沩山禅师："老师啊！真是令人兴奋，师弟已经悟入祖师禅了。"

　　唐代，自六祖惠能以后，禅宗起了很大的变化。先是有马祖创建<u>丛林</u>，接待十方禅者，倡导集体修行；继有百丈怀海禅师设立清规，以新的立法安住大众。禅法自此排除知解的分别，主张不立文字，探究心源，提倡即心即佛，以平常心为道，棒喝的机用，接化的简速，遂成为中国祖师禅的特质。于是印度静态的如来禅，经过中国禅师的阐扬之后，成为活跃的动态祖师禅了。

　　智闲禅师所说的"贫无立锥之地"，这就是不着一物的如来禅，及至说到"瞬目视伊"，这就是"扬眉瞬目，无非是禅"的祖师禅了。

陈玉峰绘·药师佛坐像

以随缘代替执著，自然时时自在；
以随分代替勉强，自然人人交心。

禅悦为食

云居道膺禅师在洞山良价禅师的道场结了一个草庵，独自专修禅定。有一次，接连十天都没有到斋堂用餐，良价禅师非常关心，也觉得很奇怪，因此叫侍者去请他过来问话。

云居禅师非常喜悦自得地告诉洞山："最近，每天都有天神为我送来饭食，所以才没有到斋堂用斋。"

良价禅师听了非常不以为然："我以为你是个修行的禅人，所以特别允准你在我们寺堂建茅棚专修，想不到你只是一个执著世间福德的庸俗之辈。今天不谈了，明天再见吧！"

第二天，云居禅师依言拜见良价禅师。洞山大声呼唤云居的名字，云居恭谨地回应。

良价禅师笑着问："请问是福德第一呢？还是证悟福德性是第一呢？"

云居禅师哑然无语，因为福德是有修有证的：多修多功德，少修少功德。福德性就不同了，福德性是无修无证的，人人本来有的。现在他执著在有天人供养的人天福报里，这是堕入有为法中去了。因此，他怀着满腹疑惑返回草庵。

在禅修的草庵里，云居寂静地思惟，在他沉浸于寂静时，天神再也没有来送食。不过，云居很欢喜，因为这时他已进入到"禅悦为食"的无为法境界。

养心法语 ————————

修行人报感人天，虽然是可羡慕的，但是人天福报一尽，五衰相现（天人福尽有五衰：一、头上花萎，二、腋下出汗，三、身上有臭，四、不乐本座，五、衣裳垢腻），仍不免生死轮回。故禅者不以世间荣辱为准，不以世间善恶为是，要紧的，是在世间的荣辱善恶之外，能体会禅心，那才是无为法的禅定。

听到了？

杜鸿渐当宰相的时候，有一次与保唐无住禅师在寺院里面论说禅道，刚好庭前的树上，有一只乌鸦拉高了嗓子在啼叫。

无住禅师就问杜相国："你是否听到乌鸦的啼声？"

杜相国回答："我有听到乌鸦的啼叫。"

这时，乌鸦叫过之后飞走了，无住禅师再问杜相国说："现在你是否还能听到乌鸦的啼声？"

杜相国照实回答："乌鸦飞走了，听不到它的声音了。"

无住禅师却认真地说："我现在还能听到乌鸦的啼声！"

杜相国惊奇地问："乌鸦已经飞走，早就没有啼声了，为什么你说还能听到乌鸦的啼声呢？"

无住禅师解释说："有闻无闻，非关闻性，本来不生，何曾有灭？有声之时，是声尘自生；无声之时，是声尘自灭。而此闻性，不随声生，不随声灭；悟此闻性，则免声尘之所转。当知声是无常，闻无生灭，故乌鸦有去来，而吾人闻性则无去来。"

　　杜相国听无住禅师这样解释，终于契入禅道。

养心法语

　　人生理的器官有六根，就是眼、耳、鼻、舌、身、心，物理的世界有六尘，也就是色、声、香、味、触、法。眼睛观色，耳朵闻声，鼻闻气味，舌头尝味，身体感触，心意则攀缘妄想回忆，由于六根追逐六尘，所以我们在世间的生活，根尘相谙，永远得不到安宁。

　　世间诸法，皆为对待之法，不单是六根对六尘，就如来去、上下、有无、生灭、大小、内外、善恶、好坏等等，可以说都是相对法；吾人的妄心，终日就在这许多相对法上起种种分别，时而这样，时而那样。

　　乌鸦啼声有"来去"，有"有无"，吾人不悟，故终日在此六尘境上的是非执著，若能心不随境转，则"只手之声"皆美妙无比也。

不可向你说

有许多人向覆船洪荐禅师参学问道，并因此而开悟，所以十方学人都争相前往参拜覆船禅师。

有一个学僧在参访覆船禅师的路上，碰到一个卖盐的老翁，于是趋前请教说："请问老人家，覆船路如何去？"

老翁听了良久不语，于是学僧又问了一次。

老翁很不高兴地说："我已经向你说过了，你聋了吗？"

学僧不知所以："你根本没发出一点声音，怎么说已经说了呢？"于是反问老翁："你向我说过什么？"

老翁："向你说覆船路。"

学僧一听，这卖盐老翁似乎也是一位禅者，于是就问："难道您老人家也学禅吗？"

"不只学禅，所有的佛法我都会。"

学僧再问："那你说说看，什么是佛法？"

老翁一句话也不说，挑起盐篮便要走。

学僧不解，说声："难啊！"

老翁回过头来："你为什么说难？"

学僧："盐翁！"

老翁："有何指示？"

学僧："请问您怎么称呼？"

老翁："不可向你说这是盐。"

养心法语

　　想去覆船禅师处参禅学道，路要怎么走？"既曰覆船，何有道路？"道有难行道、易行道；有大乘道、小乘道；有出世道、世间道，一般学者总要循道前行。但是，禅门学者没有一个依循者，所谓"丈夫自有冲天志，不向如来行处行"。所以，禅者不落于窠臼，不走前人路，要走出自己的路。虽是覆船，又何无路！

狗子佛性

赵州从谂禅师是一位非常风趣的禅师，有"赵州古佛"的美称。

曾有人问他："什么是赵州？"

赵州禅师答道："东门、南门、西门、北门。"

这是一语双关的回答。意思是若是问赵州城这个地方，指的是它的四座城门。若问赵州的道风，则像赵州城一样四通八达。

有一个学僧问赵州禅师："狗子有佛性也无？"

赵州禅师毫不犹豫地答："无！"

学僧听后不满，说道："上自诸佛，下至蝼蚁，皆有佛性。为什么狗子就没有佛性呢？"

赵州禅师解释道："因为狗子有'业识'，所以说它无佛性。"

另一位学僧也问同一个问题，赵州禅师却答："有！"

学僧又不满意，就抗辩说："它既有佛性，为什么要闯进狗身这皮囊袋子呢？"

赵州禅师回答道："因为它明知故犯呀！"

养心法语

同一个问题，而赵州禅师的回答迥然不同，时而说无，时而道有。在禅师而言，有、无其实是一个意义，一而二，二而一，千万不可将有无分开来看。《般若心经》说："以无所得故。"就是这个意思。

是"有无"，但不可以作"有无"会。其中的道理，如人饮水，只许自知，无法说明。所以要荡尽凡情，才能有转身的时刻。

世人总是用二分法去了解有无，认为有的就不是无，无的就不是有。所以，有无的对待，是非的不同，善恶的分别，正是世人不能认识自己本来面目的根本原因。

狗子有没有佛性？"佛性"本来就不是用"有无"两个字可以说的。不知大家可会意否？

虔诚的心

日本有个青年名叫光藏，一心想成为佛像雕刻家，所以特别去拜访佛像雕刻名家高村东云，希望他能指点一些佛像的常识。

佛像有许多姿态，例如站着的叫接引众生像，坐着的是修行打坐像，卧着的是佛陀涅槃圆满像。另外还有睁着眼睛的，也有闭着眼睛的，各种的庄严像都有特定的意义。

东云见了光藏后，一句话也没有说，只叫他到溪边汲水。东云看到光藏汲水的动作，突然破口大骂，要把光藏赶走。因为时近黄昏，其他弟子不忍心，请师父慈悲让他留住一宿，天明再走。

到了半夜，光藏被东云叫醒，东云以温和的口气对他说："也许你不知道我昨天骂你的原因，现在我告诉你，佛像是让人膜拜的，所以雕刻人要有虔诚的心，才能雕塑出庄严的佛像。白天你汲水时，轻易就让水从桶里溢出来，虽然是少量的水，但都是福德因缘所赐，而你却毫不珍惜，像这样不知惜福又随意浪费的人，怎能雕刻出庄严的佛像呢？"

光藏对于东云这番训诫，颇为感动，并且痛自反省，终于拜在东云门下，他佛像雕刻的技艺，也独树一帜。

养心法语

虔诚的心，就是敬业精神，这种虔诚的心，是无论做什么都应该具备的。

禅心不是敷衍随性，而是对任何事都持至诚恳切的态度。有了禅心，做人处世，人会做得好，事会办得圆满。禅不是知识，不是辩证，而是能在生活、思想、见解上运用，在人间发挥禅光，让人间多彩多姿的！

古镜未磨

有一天，洞山晓聪禅师让云居晓舜禅师出外化缘，晓舜禅师首先向一位饱参的刘居士化缘。

居士说："老汉有个问题，您若答得相契，我便布施；若不相契，就请回吧。"接着居士就问："古镜未磨时如何？"

晓舜禅师很快地回答："黑如漆。"

居士再问："古镜磨了以后呢？"

晓舜禅师问说："照天照地。"

居士不以为然，拱手为礼，说："抱歉，恕不布施，您请回吧！"说完就转身回府，闭门不出。

晓舜禅师愣了一下，闷闷不乐地回到了洞山，晓聪禅师问他原因，晓舜禅师便说出他与刘居士的对答经过。

晓聪禅师说："这样吧，你来问我，我回答给你听。"

晓舜禅师就问："古镜未磨时如何？"

晓聪禅师回答："此去汉阳不远。"

晓舜禅师再问："古镜磨后又将如何？"

晓聪禅师微笑着说："黄鹤楼前鹦鹉洲。"

晓舜禅师听了，猛然省悟。

养心法语

若以古镜来比喻我们的自性，自性本自清净，本不生灭，本自朗照，何能分别未磨已磨？何况自性者，在圣不增，在凡不减。晓舜禅师却说未磨前黑如漆，已磨则照天照地，显示晓舜禅师还未能清楚地认识自性；难怪无法获得饱参的刘居士之认同。反观晓聪禅师的回答，古镜未磨是"此去汉阳不远"，古镜已磨是"黄鹤楼前鹦鹉洲"，表示已能认识自性当下即是。

遍行无碍

有一年，临济义玄禅师在结夏安居（注：夏季的四月十六日至七月十五日三个月中，不得随便外出的禁足修行）时，中途破禁而出，跑到黄檗山，去找老师黄檗希运禅师。

到了山上，看到黄檗禅师正在佛前诵经，他觉得很奇怪，就说："以前我一直以为老师是一个伟大的人物，想不到也只不过是一个念经的和尚而已。"

黄檗禅师并不做什么辩解，只是留临济禅师住下来。临济心想，老师竟然也像一般人一样，以音声求佛，以身相求佛。他极为不满，住了几天之后，就想告假下山。

黄檗禅师说："你在结夏安居的中途，就来到这儿，已经是违犯禁戒了，现在结夏安居时期还没有结束，你又要离开了吗？"

临济禅师答道："我来这里的本意，只是想给老师请安，做一个短期的参访，现在目的已经达到，不走又待何时？"

黄檗禅师听后举手便打，打了之后，就把临济禅师驱赶出去。

临济禅师走了好几里路，心中觉得这样匆忙离去，确实不好，于是他又回到黄檗山，请老师继续打他。但黄檗禅师立刻将双手藏进袖子里，就是不肯出手。

结夏安居结束后，临济禅师前来辞别，黄檗禅师问："你准备往哪里去？"

临济禅师回答："不是河南，便是河北。"

黄檗禅师听了，举起手来就要打临济，临济禅师立刻用左手接着，并且以右手反打老师黄檗一掌。

黄檗禅师被打以后，哈哈大笑，随即给予临济印可，说道："很好！很好！你有来处，也有去处，现在河南你可以去，河北也可以去。"

养心法语 ——————————————————————————

　　临济义玄禅师在黄檗希运禅师座下参禅，三年中给黄檗禅师打了三次。后来临济向大愚禅师诉说被打之事，觉得很懊恼，大愚禅师安慰他："黄檗禅师一片婆心，如此呵护你，你还有什么不满呢？"临济禅师终于言下大悟。及至后来反打黄檗，黄檗哈哈大笑，意谓临济已了解他的心意，既已印心，便告诉他东西南北都可遍行无碍。所以，有了禅，十方世界就能任你逍遥自在了。

大便中乘凉

赵州从谂禅师是一个非常风趣的禅师。与他说话，他回答的禅语都非常幽默。

有一次，他和弟子文远在谈论佛法的时候，有信徒送了一块糕饼来供养；赵州禅师就对文远说："只有一块饼，我们两个人要怎么吃呢？这样好了，我们来打赌，谁赢了，谁就吃这一块饼。"

徒弟文远就问："怎么赌呢？"

赵州禅师说："我们用东西来比喻自己，谁能将自己比喻得最脏、最贱，谁就赢得这块饼。"赵州禅师于是先说："我是一头驴子。"

文远马上说："我是驴子的屁股。"

赵州禅师又说："我是屁股中的大便。"

文远接着说："我是大便里的蛆虫。"

这个时候，赵州禅师没有办法再比喻下去了，就问："你这个蛆虫，在大便里做什么呢？"

文远回答："我在大便中乘凉。"

养心法语 ————————————

　　这一段禅的公案有非常深刻的意义。我们认为最污秽的地方，而禅师们却能逍遥自在；因为有了禅，世界就不一样了。所以任何地方都是清净的国土，任何地方都可以洒脱自在。在禅师们的心中，清净和污秽是一如不二的。随其心净则国土净，所以禅的境界就是这么超脱。

　　一个没有禅的人，即使住在高楼大厦，里面有冷气、地毯、豪华的沙发、席梦思的床铺，可是仍然每天烦恼，每天不安，不能安心自在，就是因为没有禅。有了禅，就能无处不自在啊！

空荡荡

　　有一位法明禅师，平常讲经说法及写文章，可说相当的有名气。有一天，法明对参禅的大珠慧海禅师说："禅师，我看你全身是空荡荡的。"慧海禅师回答他说："我看你的全身也是空荡荡的。"

　　法明禅师听了以后，大吃一惊，就问道："你为什么说我全身是空荡荡的？"

　　慧海禅师就说："你只知阅读经论，执著纸墨文字；纸墨文字是假相，本体都是空的，你停滞在空的上面，执著假相，所以你不是落于空了吗？"

　　法明禅师听了以后，很不服气地问："那么你参禅也是一无所有，一无所得，你不是也落于空了？"

　　慧海禅师回答："我参禅不落于空，因为文字是从智慧而生，而智慧就在我们自己的心上，要写、要说都由我自己；我要什么，心上就会生什么，所谓'三界唯心，万法唯识'。心生则万法生，心灭则万法灭。我哪里会落于空呢？"

养心法语

　　人生在迷是空荡荡的，在悟也是空荡荡的。有些人的空荡荡，是世间的顽空，世间生灭的空，空无的空；而参禅所证悟的空，是境界如虚空，虚空里面包容了万物，所以空而不空，即是所谓"真空生妙有"。同样是空荡荡，却是不同的境界。

　　有的人追求事相上的万有，最后落空了，就等于我们追求钱财名位、世间上的种种物质，到最后却"万般带不去，唯有业随身"。有的人个事所求，本来无一物，所以能把心扩大到如虚空，虚空里便拥有了一切。

　　因此，在禅者的眼中，你的空荡荡不是我的空荡荡，我的空荡荡不是你的空荡荡。就像是喝茶，会喝与不会喝的人，感受完全不一样。所以一样的空，体会不同，有禅，世界就都不一样了。

用心受持

　　有一位信徒问大珠慧海禅师："听说在所有的经典当中,我们持诵《般若心经》的功德最大、灵验最多,请问禅师,你的意见如何?"

　　慧海禅师听了以后,深不以为然,就回答道:"不见得如你所说吧!"

　　信徒不解,再问:"这么说来,那些记载持诵《般若心经》功德最大、灵验最多的事,就不足采信啰?"

　　慧海禅师回答:"话不能这么说,所谓感应,乃在于一颗挚诚的心,而非虚妄的外表;经典是由文字、笔墨、纸张构成,文字纸张怎么会有灵验?假如说,我们将一卷经典供奉在桌上,无人受持、无人礼拜,要这一卷经典有灵验、有功德,你想可能吗?"

　　信徒听了以后,从此对经典的受持有了更深一层的认识。

养心法语 ────────────────

　　佛法灵验不灵验，不是在佛法，完全是在于自己的心。有一首诗说："佛在灵山莫远求，灵山就在汝心头；人人有个灵山塔，好向灵山塔下修。"

　　灵山在印度，又称灵鹫山，就是当初佛陀住世的时候，经常说法讲道的地方。而现在的灵鹫山是一片荒山，非常的凄凉萧条，都是一些枯草树木；但是尽管灵鹫山那样的萧条，我六度到达灵鹫山，每次心情都非常激动，好像和佛陀又接近了很多。这不是灵鹫山灵验不灵验，而是我自己心里在当下感受到和佛陀的这种关系。所以一切经典不是在于你诵念不诵念，经典灵不灵，是在诵念者本身心里有了体会，有了慧解，这个经典自然就有功德，就灵验。

　　禅者追求明心见性，什么是灵验？什么是功德？只要你明心见性，一切便都跟着有了。

加打三十棒

　　有一天，寺院出普坡，沩山灵祐禅师和弟子仰山慧寂禅师随众上山采茶。

　　沩山禅师对仰山禅师说："为什么一整天的采茶，只听到你的声音，却看不到你的形体呢？"

　　仰山禅师听了，马上用手摇动茶树，表示他对禅的体悟。

　　沩山对仰山的举动，不以为然："你只得其用，不得其体。"

　　仰山禅师很不服气，反问："师父，您的境界是如何呢？"

　　沩山禅师当下寂然不语。

　　静默了好一阵子后，仰山禅师不甘示弱地说："只得其体，不得其用。"

　　沩山禅师说："打你三十棒！"

仰山禅师立即说："师父的棒打我，我的棒该打谁呢？"

沩山禅师即刻说："再给你三十棒！"

养心法语

仰山禅师以摇动茶树，显示禅的妙用；沩山禅师默然不语，表示禅的本体是无形无相、不可言说的，既是不可言说，仰山却硬要将它说破，自然要吃三十棒。

仰山禅师认为师父既然说出他是有"用"无"体"，为什么自己不能说师父有"体"无"用"呢？如果说出来是错的，那师父是不是也应该受棒呢？因此，以"师父的棒打我，我的棒该打谁呢？"向师父暗喻，当然免不了又是二十棒，殊不知动态的"用"说出来无妨，但非静非动的"体"一说出来便错，因为当体便是，动念即乖。

禅门师徒间的机锋往来，有时机智活泼，有时冷峻严厉，有时亲切妙用，有时"道得也三十棒，道不得也三十棒"，但不管如何，都蕴含了为师者爱护弟子的深刻慈悲。

谁最大？

韩国有三座有名的寺院，分别代表着佛教的"三宝"。

代表"佛宝"的叫通度寺，因为它供有释迦牟尼佛的舍利和袈裟；代表"法宝"的是海印寺，它拥有一座藏经楼，珍藏有整套的大藏经木刻版本；代表"僧宝"的是松广寺，它曾有十六位禅师被国王封为国师的历史纪录。其中，通度寺拥有两千多亩土地，海印寺则拥有四千余亩的土地。

有一天，通度与海印两寺的两位禅者在山上的森林里相遇，相互讨论起哪一座寺院最大。通度寺的禅者骄傲地说："当然是通度寺最大了。"

"何以见得？"海印寺的禅者不以为然地反问。

"我们每逢用斋行堂的时候，都必须坐船下去，才能舀到一碗汤！"

海印寺的禅者一听，立刻不甘示弱地说："我们的海印寺才大呢！"

"何以见得？"通度寺的禅者怀疑地问。

"我们去上个厕所，要经过三分钟才能听见大便掉到粪池里的声音。"

这时候，旁边来了一位松广寺的禅者，他淡淡地说："我们的松广寺才是真正的大！我们寺里的每位禅者都拥有虚空。请问，你们哪座寺里的禅者能走得出虚空呢？"

养心法语

通度、海印、松广，究竟哪一座寺最大呢？禅者必须能"心如虚空，量周沙界"，每一位禅者在参禅时，虚空就在自己心中。所以，宇宙即我心，我心即宇宙。把我心和虚空结合在一起，包罗万有，才是禅者的境界。

我的愿力是我的

有一位学佛不久的居士,在阅读《劝发菩提心文》时,读到一句"金刚非坚,愿力最坚",居士不懂这个句子的意义,就去请教无相禅师。

无相禅师告诉他:"在学佛的菩提道上,难免由于自己的惰性、业障或机缘不巧等障道因缘而退失菩提心,因此必须靠愿力来支撑、鞭策。历代高僧大德的道业成就,无一不是靠着誓不退转的愿力来完成的,像普贤菩萨有十大愿,观世音菩萨有十二大愿,阿弥陀佛有四十八大愿,地藏菩萨有'地狱未空,誓不成佛'的悲愿。这许多佛菩萨的大愿,无一不是学佛者的榜样。"

居士仍然不懂:"为什么想成佛,一定要立下普度众生的志愿呢?"

无相禅师说:"如同一棵树,众生好比是树的根,菩萨就像树的花，佛便是树的果。要想一棵树能开花结果，就必须灌溉树根，要爱护它，否则根一受到损害，树就会枯萎了，又怎能开花结果呢？"

信徒听了，也深觉愿力的重要，便问无相禅师的愿力是什么？

无相禅师答道："我的愿力是我的，不是你的。你为什么不发你自己的愿力呢？"

信徒终于心开意解，礼谢而去。

养心法语 ————————

各人有各人的愿力，不必去问别人的愿力，先问自己愿为大众做什么？愿力可大可小，例如：我愿做一只牛，为众效劳；我愿做一棵树，普荫大众。当然我们也可以发愿，成圣成贤，成佛成祖，因为愿力的推动，能让我们忍苦耐劳，甘愿做众生马牛，故所做一切自然会成就，只要愿不虚发，必定能完成。

发心，才有力量来完成自己的理想，完成自己的志愿。愿力，是一切成就的根本。

本来心

　　瑞峰神禄禅师是唐末五代的禅僧，福建福州人，曾经担任瑞岩师彦禅师的侍者好些年。后来他开山创建瑞峰院，住持一方，四方前来参学的学僧不下千人，法筵很兴盛。

　　　　萧然独处意沉吟，谁信无弦发妙音。
　　　　终日法堂唯静坐，更无人问本来心。

　　长寿朋彦上座对神禄禅师的这一首偈子，颇有感触，一直在心里反复咀嚼，可是仍然参不透偈子中所提到的"本来心"究竟是什么意思。

　　"请问，"长寿朋彦上座双手合十，躬身请问神禄禅师说，"究竟什么是本来心？"

　　室里的香炉正燃着檀香，香烟缭绕，长寿朋彦上座始终合十着，等待神禄禅师的回答。然而，神禄禅师完全无视面前这位被重重疑云覆顶的长寿朋彦上座。只见炉中窜出的白烟袅袅上升，穿过了他的双手，又缓缓在空中消散。

一段时间之后，神禄禅师忽然唤道："朋彦！"

长寿朋彦上座立刻应声回答："我在！"

神禄禅师右手一扬，高声说："帮老僧沏一壶茶来！"

就在这一句话下，长寿朋彦上座蓦然有悟。

养心法语

瑞峰神禄禅师是青原行思禅师的第七代传人，他所创建的瑞峰院，有千余人随他参究，可见他的道行高妙。

神禄禅师诗偈中所提到的"本来心"，若从偈语字面上来看，本来是很好懂的；佛祖他有"本来心"，历代的祖师也有"本来心"，神禄禅师本人当然也有本来心。但是，那许多的"本来心"终究是别人的"本来心"，因此长寿朋彦上座尽管参究再参究，仍然了不可得。

直到瑞峰神禄禅师等到因缘成熟，一炉焚香，袅袅散开，正是与法界接轨之时，这不就是"本来心"吗？

当长寿朋彦与瑞峰神禄共同静坐，已经开始心同此理，意同此心。在这个彼此印心的时候，瑞峰神禄禅师高喊一句"替老僧沏壶茶来"，这不就是要长寿朋彦上座接他的法要吗？

所以茶禅一道，不正是如此之表吗？

何不自观？

　　唐朝的时候，西域有一位崛多三藏禅师，他曾经参访过六祖惠能大师，于其言下有所契悟。

　　有一次，崛多三藏禅师云游到山西的五台山，看见一位年轻的禅僧，在山里结一座草庵，独居修行。

　　崛多三藏禅师试探地问："我看你一个人住在这山里，结庵打坐，究竟想做什么呢？"

　　年轻的禅僧回答道："我在观静。"

　　"那我问你，观者何人？所观的静又是何物？"崛多三藏禅师又问。

　　禅僧向崛多三藏禅师作礼，问道："请问这话是什么意思呢？"

　　崛多三藏禅师说："你何不自观？何不自静？"

　　禅僧一脸茫然，不知这是什么道理。

　　崛多三藏禅师看他根性迟缓，于是又问："你师

功名富贵，不是幸福之本；

放下自在，才是幸福之源。

出何门？"

禅僧回答："神秀和尚门下。"

崛多三藏禅师再问："神秀和尚只教你独坐观心，还是另有其他的法门呢？"

"只教导这个。"

"那么我问你，如果只是呆呆地空坐，这对生死大事，究竟有什么益处呢？"

这时，禅僧躬身问道："请问禅师，您向哪一位大德学习禅法？"

"六祖惠能大师！"

接着，崛多三藏禅师向禅僧建议说："你何不前往广东曹溪，向六祖惠能大师请益禅法呢？"

禅僧于是动身前往曹溪，参拜六祖惠能大师。

禅僧一见到六祖惠能大师，就说："我从山西来，经崛多三藏禅师的指点，特来此处向和尚问道请法。"

"你问吧！"

禅僧便把当时与崛多三藏禅师的对话，一一陈述予六祖惠能大师。

六祖惠能大师笑了一笑，说："你观静能自我明白吗？能自我开悟吗？能了脱生死吗？能断除烦恼吗？不然你为何观静？”

年轻的禅僧闻言，蓦然有省，向六祖惠能大师问讯作礼之后离去。

养心法语 ————————————

世间上，无论做任何事业或工作，都需要有目标，有方法，了解为何而做。如果禅者失去了自我，没有从心里出发，所有的一切都会落空。因此，正如六祖惠能大师所说的，能自我开悟，当然断烦恼、了生死就有可能，就有希望了。

除厄南瓜

日本的仙崖义梵禅师有一个卖菜的信徒，有一天，急急忙忙跑到寺庙里，不住地拜托禅师："禅师，请你帮忙想想办法，我还有妻儿老小要照顾，再这样下去，我只有死路一条了。"

仙崖禅师问他："怎么了？"

"今年夏天，霍乱肆虐，大家都说吃南瓜容易引发病毒，所以我们博多这一带市场里的南瓜，一个也卖不出去，"信徒不断地叹气说："偏偏今年南瓜丰收，这时又碰上了霍乱，看来只有喝西北风的份了。"

仙崖禅师同情地说："真是可怜啊！"

信徒再三恳求："所以禅师，你一定要帮帮我。"

仙崖禅师安慰他说："你不要担心，明天你把那些南瓜都送到寺里，我来帮你想办法。"

信徒听到禅师这么说，便放心地离开了。

隔天一大早，信徒把一车的南瓜都推到寺院门口，只见仙崖禅师早已经搭好一个台子，就等着他来。

仙崖禅师一见到信徒，便说："来，把南瓜都摆到台子上。"

两个人花了好一番工夫，才把所有的南瓜都摆了上去。这时，仙崖禅师开始念念有词，为台子上的南瓜祝祷，这个情景引来了村里的居民争相围观。祝祷完之后，仙崖禅师就在南瓜上写上"消灾除厄祈福南瓜"。

禅师对大家说："各位！这可不是普通的南瓜，因为这些南瓜现在有了祝祷加持，所有的灾病都会随风而去，所以，吃了不但不会得病，还可以增福延寿。"

由于仙崖禅师的德望，居民不再挂念吃了南瓜会传染霍乱，一时之间，大家争相抢购，丰收的南瓜很快就被抢购一空。

卖菜的信徒对仙崖禅师的慈悲智慧敬佩不已，一再作礼感谢。

养心法语 ————————————————

　　世间的事情都是有因缘的，霍乱的起因，不一定归罪于南瓜。当时只不过是民间的谣传，就因此影响了整个社会，使得民心不安。仙崖禅师为了破除迷信，安定人心，亲自为南瓜祈福加持。所以，信仰可以导正社会风气，让人安定身心，这不就是最好的例子吗？

我家没人

禅宗西天二十八祖之第十八祖伽耶舍多尊者，有一回来到大月氏国（中亚古国）行化的时候，看到了鸠摩罗多，觉得此人气宇非凡，因此想要度化他。

伽耶舍多尊者来到鸠摩罗多的家门前，正准备进到屋里去的时候，鸠摩罗多却马上将门关起来，还问道："屋外的人，你是谁？"

伽耶舍多尊者回答："佛弟子。"

他等了半晌，鸠摩罗多还是没有把门打开。

伽耶舍多尊者于是再敲门，敲了好久，屋内的鸠摩罗多才应声说："我家没有人！"

伽耶舍多尊者反问他："那么，答话的人是谁呢？"

鸠摩罗多说："你没有见到，你管他是谁。"

伽耶舍多尊者再说："我听到声音，就如同见到一样。"

鸠摩罗多不得已打开门，伽耶舍多尊者就说："我见到你了，你不是人吗？"

鸠摩罗多否认："不是！"

伽耶舍多尊者便问："那你是谁？"

鸠摩罗多回答："我是佛！"

伽耶舍多尊者又说："我就是想来度你。"

鸠摩罗多说："我已经是佛了，还要你度什么呢！"

养心法语

人人有佛性，不过有人却不敢直下承担。

就如唐朝时南阳慧忠国师的侍者，慧忠国师一再称他"佛祖"，侍者却一直说："禅师，我是侍者，不是佛祖。"假如每个人能直下承担自己是佛，则全世界人人是佛，哪里还需要欺诈？还需要战争？还要嫉妒？还要邪见？只要人人都是佛，这世界就天下太平没有纷争了。

可惜世间人都不敢承担自己是佛，由于人不肯承认自己是佛，所以欺诈、杀戮、贪嗔愚痴、杀盗邪淫也就层出不穷了。

我不患聋

漳州（今属福建）的保福从展禅师，是唐末五代临济宗的僧人，为福州雪峰义存禅师之法嗣。

某天，有一位年轻的学僧到从展禅师处参学，问道："禅师，所谓'欲达无生路，应须识本源'，请问这'本源'指的是什么呢？"

只见从展禅师静静地结跏趺坐，并没有答话，这位学僧便在一旁安静等候，可是随着静默的时间愈来愈久，学僧开始显得不知所措起来。

沉寂了好久，禅师终于开口了："他刚刚问了我什么？"从展禅师转过头询问侍者。

学僧立即略略提高了声量，又问了一遍："禅师，所谓'欲达无生路，应须识本源'，这'本源'究竟所指——"问题都还没有说完全，从展禅师突然对着学僧大喝一声："我没耳聋！"

学僧被从展禅师这么一喝，茫然不知如何应答。

养心法语 ————————————

过去的禅者，实在难玩，请教他问题却不回答，这不回答到底是不懂呢，还是不想回答，或者是没听到。当然学僧只好提高音量复述一次，可是禅师却反过来责备学僧：我又没耳聋！表面看来，是保福从展禅师吹毛求疵，但事实上，他已经把无生和本源的道理说明白了。

一切法本无生灭，假如要论生灭的话，就会落入事相上的问题，而不是诸法的本源。本源，就如自性鉴人，如如不动，哪里容得人来大声小声、说东说西呢？因此，从展禅师才说他没有耳聋，这正是告诉学僧：无生之道、本源之理不可说也！

禅师的米粒

有一位富翁生性吝啬，是乡里出了名的小气鬼。禅德寺的有道禅师听说有这么一号人物，兴起了一念慈悲心，想去度化他。

有一天，他特地来到这位大富翁的住处化缘，大富翁一看到是出家人，马上就挥挥手，说："我这里没有什么可以给你的，你走吧，走吧！"说完，就把门关上了。

有道禅师无奈地摇摇头，正当他准备离去时，忽然看到富翁家的水沟流出了许多米粒，禅师感到很可惜。从此，禅师每天都来水沟捞取米粒，带回去洗净、晒干，然后储存。就这样年复一年，不知不觉也贮存了好几袋米。

后来，大富翁的房子不幸遭到大火焚毁。又逢荒年，到处乞讨艰难，富翁听说禅德寺有道禅师经常放粮救济，不得已便前往乞讨。

有道禅师待他如上宾，大富翁说："感谢佛门恩义浩荡，不然，像我这样过惯富豪生活、平时又一毛不拔的人，现在到哪里求得温饱呢？"

有道禅师说："你不必这样想，你现在吃的都原本是你的啊！我只不过是从你家水沟把这许多米粒捡起来，洗刷晒干，在荒年干旱的时候，提供人们一餐之饱罢了。"

富翁一听，愧悔交加，眼泪簌簌流下，从此有悟于心。

养心法语

佛教教人要结缘，你不往福田里播种，哪里会有收成呢？你不舍，又怎么能得呢？舍得，舍得，有舍才能得。大富翁不结缘、不施舍，好在有道禅师不计前嫌，捡了他的米粒，还是愿意再施舍给他；大富翁前念无知，后心有愧，总算禅门无负于施主，无负于人民。所以，有道禅师能度化这样一个悭吝不舍的人，也真是一位有道的禅师啊！

你这俗汉！

禅门有"五家七派"，即所谓临济、曹洞、云门、法眼、沩仰五宗，再加上黄龙、杨岐二派。

说到黄龙派，其开山慧南禅师，在江西庐山归宗寺担任住持之际，某天晚上，寺院里忽然发生火灾，熊熊大火很快波及各个殿堂，全寺大众纷纷逃离。

这时候，黄龙慧南禅师的弟子延庆洪准，忽然发现住持竟然还端坐在蒲团上，他扶起慧南禅师就想往外头奔逃，没想到却遭到禅师的斥退。

眼看火舌即将延烧到禅床，心急不已的洪准恳切地对黄龙禅师说："老师纵然厌弃世间，可是您继承自石霜楚圆禅师的大法，以后将由谁来弘传呢？"

慧南禅师经洪准这么一劝，这才起身离座，离开方丈室。

归宗寺这次的祝融之灾，不但使寺院烧个精光，连方丈黄龙禅师也因此被牵累入狱。他在牢狱中，没有吃狱卒送来的食物，还经常被借故拷打，可是他不愿牵连他人，只说全部都是他个人的过失。

两个月后，六十天未曾进食的慧南禅师，终于被释放出狱。慧南禅师的师弟翠岩可真，一听到师兄被释放的消息，赶紧前往迎接，没想到才走到半途，就遇到了慧南禅师。

翠岩可真看着须发未剃的慧南禅师，整个人形销骨立，落魄潦倒，心中非常难过，泣不成声地说："师兄，您怎么变成这副模样呢？"

慧南禅师只是目光炯炯地瞪着师弟，喝斥说："你这俗汉！"

可真禅师又说："您在监狱里受苦了。"

慧南禅师一听，说："你不知道熊熊大火烧毁了道场，建设了监狱吗？道场或监狱，对禅者有分别吗？"

师弟可真禅师闻言，不敢回答。

慧南禅师就淡淡地说了一句："都不必去分别也！"

养心法语 ————————————————————————

　　一个修行人，要有处变不惊的精神。黄龙慧南禅师虽历经火灾的磨难，但对他的禅心并没有影响；身形消瘦，或与健康有关，但与修行无关。所以可真的问话，是看轻了慧南禅师的修持，因此慧南禅师才说他是个俗汉。可真禅师还不知道进退，又加一句"您在监狱受苦了"，慧南禅师才感慨地反问，道场与监狱有分别吗？

　　这话就是说，一个顶天立地的禅者，到处都是道场，在寺院里，固然是道场；在监狱里，还不也是道场吗？如地藏王菩萨之"我不入地狱，谁入地狱"，正是以地狱作道场来度众生，又有什么好计较的呢？

沙弥大智

日本曹洞宗的祇陀大智禅师，熊本县人，俗名万十，从小聪颖，与佛教有深厚的因缘，欢喜参加佛教的仪式。七岁的时候说要出家，度父母到烦恼解脱的彼岸。他的父亲听了觉得很欣慰，问他想在哪里出家？万十毫不犹豫地回答道："大慈寺。"

万十的父亲便带他前往大慈寺拜访开山祖师寒严义尹禅师。寒严义尹禅师一看到万十，就觉得他的才智有别其他的小孩，高兴地拿一颗馒头给万十表示欢迎，自己也一边吃起馒头，一边问他："你叫什么名字？"

万十回答："我叫万十。"

由于日本话"万十"的发音和"馒头"相同，寒严义尹禅师就问他：

"万十吃馒头是怎么一回事呢？"

万十很快地回答道："就像大蛇吞小蛇啊！"

义尹禅师听了点点头，说："说得好，说得好！如果你出了家，我帮你取名小智。"

万十听了却摇摇头，没有回答。

义尹禅师不解，问万十："为什么不说话呢？"

万十一本正经地说："小智会妨碍般若智慧、菩提道心，请和尚赐名大智。"

义尹禅师听了哈哈大笑，赞叹他年纪小志气高，欢喜地收他为徒。

养心法语 ————————

从少年儿童时代，就可以看出一个人将来的前途。有云："有志无志，就看烧火扫地"，从烧火扫地的小事中，可以看出少年的精进乐业，这就是所谓从小一看，到老一半。

康熙八岁登基，十七岁智擒鳌拜，所以他能治理大清朝六十年；班超投笔从戎，立志开发西域，所以他能为国家开疆拓土；罗睺罗在童年的时候悟道，可见人生的成就，只在有志，不在年高也。

深耕浅种

宋代临济宗的翠岩可真禅师，福建长溪人，得法于石霜楚圆禅师，曾经驻锡于江西的翠岩山，后来迁住湖南道吾山，当时以辩才无碍著称于世，著有《翠岩真禅师语要》一卷，收录于《续古尊宿语要》中。

一天，可真禅师上堂说法，为大众开示说："男儿自有冲天志，不向如来行处行。在座的各位，你们要勇敢走出自己的路，不要一味模仿前人，到最后连自己都迷失了。"

一位年轻的禅僧站出来，大声问："老师您说：'男儿自有冲天志，不向如来行处行'，请问，如来的行处是什么？"

可真禅师微笑着说："深耕浅种，因缘际会。"

年轻的禅僧再问："请问，深耕在哪里耕？浅种在哪里种？"

可真禅师即刻说：“你连耕地都没有，还谈什么浅种呢？”

禅门，最忌给人牵着鼻子走，自己没有主张，唯唯诺诺，任人摆布，这在禅家看来，是不作与语。所以禅师都鼓励弟子要超越自己，所谓"青出于蓝而胜于蓝"，行佛之行，做佛之做，就是鼓励学人以佛做模范。但是禅者有特立独行的性格，所谓"高高山顶立，深深海底行"，这不是冒犯佛陀，而是对自我的肯定。怎样做法？怎样行佛？即深耕浅种。

性海深广，由浅入深，但这位青年僧伽在翠岩可真禅师看来，他连性海都还没有边际，怎么可以谈方便播种呢？

道岔缩手

一位虔诚的信徒经常带着他的儿子到寺院拜访。这个青年人聪明伶俐，每到寺院来，总会将经典里看到的佛法拿出来考问僧人。问到最后，往往令人感到难堪，不知如何应答。

一天，信徒又带着年轻人来，正好寺里一位禅僧要去拜访顺德道岔禅师，便邀他们同行。禅僧到了道岔禅师的寺院，一阵寒暄后，便将青年引到道岔禅师面前说："这个年轻人喜欢问出家人佛法，还请禅师指导。"

道岔禅师看着青年点点头说："好说，好说，你先帮我倒一杯茶水上来吧！"

青年依道岔禅师的话，倒了一杯茶。当禅师喝完茶，青年上前要接过茶杯时，道岔禅师忽然把手缩回去，一脸认真地看着他说："这是什么意思？"

青年愣了一下，不懂得禅师的话。

禅师问年轻人："会了吗？"

青年不明白，问道："禅师，您的问题是什么？"

道怤禅师微微一笑，不再说话。

禅僧问道怤禅师："这年轻人见解如何？"

道怤禅师摇摇头说："不过是个情执的信徒。佛法的体会是要从日常生活中慢慢累积的，不是耍嘴皮子。"

青年人不敢再开口，慢慢地也领会出禅师的意思。后来，他再到寺院，态度也有所收敛，接纳了禅师的开导。

养心法语 ————————

道怤禅师他在无言说教：你给我的茶，我接受，我给你的茶杯，你接受；但是禅师最后却缩回了茶杯，给与不给，关系在哪里？给予、不给予之间，当然都有象征的意义。道怤禅师摆明了说，寺里的大众平常也讲了多少佛法给青年，青年都不接受，青年既不受，禅师就不给。青年当然不懂禅师的意义。所以，禅，也是很圆融的，讲究礼貌，讲究授受之间要相互尊重。没有尊重，只是单方面的，那情况就不一样了。

狮子说法

福建福州覆船山洪荐禅师，是石霜庆诸禅师的法嗣弟子。

有一天，一位云水僧前来参礼洪荐禅师，问道："佛教里常提到'狮子'这两个字，究竟有什么含义呢？"

洪荐禅师说："狮子是兽中之王，佛陀是人中之王，狮子一吼，百兽皆惊，佛陀说法，众生都能得益，因此佛经常以'狮子吼'比喻佛陀法音的力量。"

云水僧又提问："不过，也有人问'狮子'究竟是指佛陀，还是指佛陀的弟子呢？"

洪荐禅师说："今日是弟子，明日不就是老师了？今日是众生，明日不就成佛了吗？佛和众生又有什么差距吗？"

云水僧闻言，心中有悟。

养心法语

　　世间上的人都希望称王，狮子是兽中之王，鲸鱼是海中之王，君主是国家之王；宇宙一切都在虚空之内，可见虚空之大，因而有"空王"之谓。而佛陀是一切众生之王，所以我们也称他为"空王佛"。

　　其实佛陀说教，并不说自己最大，只是因为佛是觉者，真理如虚空，虚空最大，所以佛陀称"空王佛"。在经典里，佛陀正式的名号有十种，所谓"如来、应供、正遍知、明行足、善逝、世间解、无上士、调御丈夫、佛、世尊"，但实际上，随着佛法的流传，以及大家对佛陀的恭敬，又增加了许多赞美的称号，如"四生慈父、三界导师"等。

　　佛教常把佛陀说法比喻成狮子吼，狮子一吼，白兽皆惊醒；佛陀说法，众生皆能觉醒。所谓狮子，也不只是佛陀而已，一切众生皆当成佛，皆为狮子可也！

饱餐法味

唐代三圣院的慧然禅师，住河北镇州三圣院，人称"三圣慧然"。他游历诸方，参礼过德山宣鉴、雪峰义存等禅门大德，最后受法于临济义玄禅师。

有一次，他到德山宣鉴禅师的道场参学。一见面，就准备展具向德山禅师礼拜。

德山禅师却抢先一步喝止了他："不必铺饭巾了，我这里没有残羹剩饭。"

慧然禅师机灵地眨了眨眼睛，笑一笑说："就是有残羹剩饭，也不容许给一个地方吃啊！"

德山禅师说："那也不见得，你能上堂说法，自有上堂斋供养你。"

慧然禅师说："那你早就给我吃过了！"

德山禅师笑说："你没有感谢我啊！"

慧然禅师会意，当下向德山禅师礼拜问讯。

　　慧然禅师一见德山宣鉴禅师，就要展具顶礼，德山不以为然，还对慧然说，我这里可没有残羹剩饭给你。意思就是，你不要想用世俗的见面礼来跟我相见。

　　但慧然也不是简单的人物，他即刻就说，即使用无为真空来跟你见面，你也不见得欣赏我。德山是研究《金刚经》的专家高手，在龙潭禅师那里大彻大悟，就一转弯跟慧然说，既然你懂得真空妙有，你上堂说法，我就用上堂斋供养你。

　　因为慧然不要落于世间法，也顺着德山的话说，你早就给我饱餐法味了，我还要吃你的上堂斋吗？这就是表达"真空无相，不著一物"，德山听了以后，当然就和慧然契心微笑了。

卷二

苦难，就好像水果的酸涩，成熟之后，才会香甜可口。所以，只要在团体里能够经得起磨练，能够缩小自己，委屈自己，成就以后，五湖四海，又怎不逍遥自在呢？

佛法无二般

有一天，大文学家韩愈前去参访大颠宝通禅师。

韩愈问："禅师今年春秋多少了？"

大颠禅师提起手中的念珠，问他："会吗？"

韩愈不是参禅的人，不懂这样的机锋话头，所以也很老实地回答："不会。"

大颠禅师就补上一句："昼夜一百八。"

韩愈不知其意，无法与大颠禅师再继续对谈，只得告辞回去。回去之后，心里愈想愈放不下，为什么自己对一个和尚的问话，竟然会听不懂？于是第二天又到大颠禅师的寺院拜访。

韩愈在寺院前遇见了首座和尚，便请示首座，昨天与大颠禅师的对话，禅师的意旨究竟是什么。

首座听完后，便扣齿三下，韩愈更是茫然不解。

韩愈到法堂见大颠禅师，再问："昼夜一百八，意旨如何？"

大颠禅师也扣齿三下。

韩愈忽然像是明白了什么，说："原来佛法无二般，都是一样的。"

后来，韩愈便皈依了大颠禅师，执弟子礼。

养心法语 ————————————————

韩愈问禅师春秋有多少，是立足于常识经验，对时间做一番计算。事实上，在无限的时间、无边的空间里，生命始终不断地轮回，无始无终，哪里可以计算多少呢？对佛弟子来说，春秋多少的答案，就在日日精进数念的一百零八颗念珠中，不在于凡夫所认知的八岁或八十岁。

扣齿三下，表示在无尽的生命中，我们不应只逞口舌之能。除了语言、文字外，我们应该实际去体证佛法，认识自己本来面目，寻找三千大千世界中永恒的存在，寻找我们自己心里的禅。

四门示寂

　　镇州普化禅师在临济义玄禅师座下参学，有一天，他在街上向人乞求法衣的布施，信者用上好的袈裟供养他，但他又不接受人们供养的法衣。

　　有人把此事报告临济禅师，临济就买了一口棺材送他，普化非常欢喜地说："我的衣服买回来了。"

　　普化立刻扛起了棺材，跑到街上大声叫着说："临济为我做了一件法衣，我可以穿它去死了，明天上午，我要死在东门。"第二天，普化准时扛着棺材到了东门，一看，人山人海，都想来看此一怪事，普化对大家说："今天看热闹的人太多，不好死，明天去南门死。"如此经过三天之后，由南门而西门，由西门而北门，再也无人相信普化禅师的话，大家说："我们都给普化骗了，一个好端端的人，哪有说死就死？再也不要上他的当了。"

到了第四天，普化扛了棺材至北门，一看，没有几个看热闹的人，就非常欢喜地说："你们非常有耐心，东南西北，都不怕辛苦，我现在可以死给你们看了。"说罢，普化进入棺材，自己盖好棺盖，就无声息了。

养心法语 ————————————

生之可喜，死之可悲，这是一般人的常态，而禅师却以生死为玩笑，说生就生，说死就死，所以，普化禅师化的缘不是衣缘，而是生死。一件衣服穿脱起来很容易，但生死这件衣服，往往是该穿的时候不肯好好穿，该脱的时候不肯好好脱。所谓"生死一如"，即是超越生死，也正是普化禅师的人生观。

丁云鹏·出海大士像（局部）

心中烦恼无明即地狱，
心中菩提正见即天堂，
心中忧悲苦恼即地狱，
心中安乐幸福即天堂。

福德与福德性

　　司空本净禅师隐居于安徽的司空山修行，当时唐玄宗派遣中使杨光庭到山里采集长生不老的长春藤，无意间来到禅师所居的道场。

　　中使杨光庭就向本净禅师参问："弟子慕道已久，请问如何了脱生死？"

　　本净禅师答曰："中使是从京城而来的，京城是帝王所在之地，原本就有许多的高僧禅者，可以解答中使您的疑问。贫道住在这依山傍水的山林里，每天无所用心，中使何必舍近求远呢？"

　　杨光庭听了，立刻又礼拜禅师。

　　本净禅师就说："中使莫再礼拜！您到底是要求佛，还是要问道？如果是求佛的话，即心是佛；若是问道的话，无心是道。"

　　杨光庭马上又问："何谓即心是佛？"

本净禅师说：“佛性因心而悟入，心以佛性才彰显；如果能了悟无心的话，连佛性亦无。”

杨光庭问道：“那么，无心是道又是什么意思呢？”

本净禅师答道：“道本就是无心，无心名道。若能够了悟无心的话，无心就是道。”

杨光庭又问本净禅师：“都城的大德们多说，学佛必须要多做布施、持戒、忍辱、苦行等修行。禅师您却说，般若智慧本自具足，不须经由修行来获得。若果真如此，我以前所做的布施、持戒等修行，岂不都是白费？”

本净禅师斩钉截铁地说：“白费的！”

养心法语 ————————————

司空本净禅师为什么说中使所做的布施、持戒等修行是白费的？其实，这正是福德与福德性的不同。布施、持戒属福德，当然是修多少就得多少，而福德性不属有修有证的功德，福德性是无限的、本有的。所谓真如佛性，人人本具，不假外求。

般若智慧，虽是人人本具，但还未抵达证悟的彼岸之前，没有福德资粮的船筏，焉能得度？所以，未得度之前，布施、持戒等有相的功德，仍是多多益善。

莫轻园头

有学僧向湖南洛浦的元安禅师告假辞行，想到其他地方参学。

元安禅师问学僧道："此处四面是山，你要往何处去？"

学僧哑口无言，不知如何回答。

元安禅师道："如果你能在十天之内回答，那就请便。"

学僧日夜思索，打坐经行、经行打坐，可是都没有办法明了。

有一天，学僧在菜园里走来走去，苦思应对，正巧让担任园头的善静禅师看到了，善静禅师上前问学僧："听说你已告假辞行到他处参学，为什么还在这里走来走去？"

学僧就将不能回答元安禅师问题的经过，详述一遍。

善静禅师听罢说道："我可以教你回答这个问题，但是，你千万不能告诉元安禅师是我教你的。"

学僧闻言，恳求善静教示。

善静禅师一字一字慢慢说道："竹密不妨流水过，山高岂碍白云飞。"

当元安禅师听了学僧的回答，就问道："这答案是谁告诉你的？"

学僧答："是我自己想的。"

元安禅师两眼圆瞪，道："我不相信。"

学僧不敢再说谎，只好说是善静禅师教的。当晚，元安禅师上堂，对大众宣布道："莫轻园头，他日其座下将会有五百人！"

后来善静禅师弘化一方，果真有弟子五百余人。

养心法语

真人不露面，露面非真人。禅宗的丛林里，多少烧火的、挑水的、煮饭的苦行者，都是在工作中参究悟道，凡夫肉眼是无法识得真面目的。

"工作无尊卑，悟道有深浅。"在禅门里，确是如此。唯有尊敬所有人等，才不会错失学道的因缘。

心悟转法华

　　洪州法达禅师因诵念《法华经》三千余部而生起慢心，惠能大师问法达："你常诵这部经，知道其宗旨吗？"法达自谓愚钝，只会依文诵念，不知宗趣。惠能大师要他诵念一遍，再为他解说。

　　当法达诵念至《方便品》时，惠能大师说："念到这里就可以了。这部经举出种种譬喻，皆是阐明佛出世因缘之宗旨。何者因缘？唯一大事，也就是佛之知见。你别错解经意，以为'开示悟入自是佛之知见，我辈无分'。这是谤经毁佛。因为一切众生障蔽自性光明，贪爱尘境，佛才从三昧起，以种种苦口，劝令众生息灭贪念，莫向外求，便能与佛无二，故云开佛知见。如果你执著地把精勤念诵作为功课，那和牦牛执爱自己的尾巴有什么不同呢？"

　　法达问："难道只要了解经义，不须要诵经吗？"

惠能大师说："经有何过，岂碍你念诵？只为迷悟在人，损益由己，听我诵一偈：'心迷法华转，心悟转法华。'就是说，口诵经文而心能行其义，就是能够转经；口诵经文而心不行其义，就是被经文所转了。"

法达听了以后，又问："经中说，诸大声闻，乃至菩萨，皆不能测度佛智。可是现在却说凡夫只要悟自心，便名佛之知见，若不是上等根器，难免疑惑生谤。经中说到三车，与大白牛车如何区分？"

惠能大师说："三乘人不能测度佛智，其过在于度量分别。愈是计度分别，离佛愈远。就像坐了白牛车出三界火宅外，还要再找三车；经文明明说：'无二亦无三。'你应该省思：'三车'是佛陀过去的方便假说；'一乘'才是佛陀要说的真实义。你要懂得去假归实，是名持《法华经》。"

法达心开意解，诵偈曰："经诵三千部，曹溪一句亡，未明出世旨，宁歇累生狂？"

惠能大师欣喜地说："你今后可名为真正的念经僧了。"法达从此领悟到深奥玄妙的道理，更没有停止过他的课诵。

　　凡夫对于如来教法，往往以度量思惟而分别，不能契入真如之理，这是因为众生的根本无明惑，故昧于所知的境界，障蔽了真如根本智。因此，惠能大师指出，以无念来悟自本心，方能契入真如，尔时自家宝藏享用不尽。因世间宝有限有尽，出世宝无限无尽，更无自他，用而无用也。

无上法宝

达摩祖师本名叫菩提多罗，南印度人，出身婆罗门贵族，是香至王的第三个儿子，后来遇到般若多罗尊者，为尊者所器重，而度化出家，改名菩提达摩。

菩提达摩未出家前就具有超人的才智、脱俗的慧根。有一次，般若多罗尊者指着一堆珠宝，问达摩三兄弟："世上还有比这些珠宝更好的东西吗？"

大哥月净多罗答："没有！这些珠宝乃是我们王者之家最为珍贵的。"

二哥功德多罗也答道："我没有见过世界上还有比这些宝物更珍贵的东西。"

唯有老三菩提多罗不同意这种说法，他说："这些珠宝其实没有什么价值。"

两位兄长立即齐声责问他："那么你所谓有价值的宝物，究竟是什么？"

菩提多罗回答："因为这些珠宝自身不能认知自己的价值，必须假人们的智慧去分辨，否则只不过是一些没有知觉的东西而已。而佛陀说的佛法真理，那是法宝，是由般若慧所发挥出来的，这不仅能自照，而且还能区分各种形形色色的珠宝，更能分辨世间与出世间的一切善恶诸法。因此，在各种宝物中，真正最尊贵的，应该是无上真理的法宝，那就是佛法。"

养心法语

达摩的见解不为传统所约束，以此殊胜的因缘，在出家以后，继承般若多罗的衣钵，成为西天第二十八代祖师。在梁武帝当朝时东来中国，在河南少室峰面壁九年，成为中国禅宗的东土初祖。

什么才是真正的宝物？世间的宝物，是金银珠宝等七宝；出世间的宝物，是佛、法、僧三宝，又有自性三宝之称，就是我们人人本具、个个不无的真心本性。金银珠宝有毁坏的时候，真心本性没有毁坏的时候，所谓"一念慧解，光照无尽"，此即真理的法宝。

　　禅是法，法是禅，拥有禅法才是宝。

提起放下

赵州禅师是一位禅风非常锐利的法王，人称"赵州古佛"。凡人有所问，他经常不从正面回答，总让人从另外一个角度去体会。

有一次，有位信徒前来拜访，因为没有准备供养的礼品，所以非常歉意地说："我空手而来！"

赵州禅师望着信徒，说："既是空手而来，那就请放下来吧！"

信徒不解，反问道："我没有带礼品来，你要我放下什么呢？"

赵州禅师随即说："既然没有东西放下来，你就带着回去好了。"

信徒更加迷惑："我什么都没有，带什么回去呢？"

"就带那个什么都没有的东西回去。"赵州答。

信徒满腹狐疑，自言自语道："没有的东西怎么好带回去呢？"

赵州禅师这时才指示说："你不缺少的东西，就是你没有的东西；你没有的东西，就是你不缺少的东西。"

信徒仍然不解，赵州禅师只得无可奈何地说："我虽和你饶舌多言，可惜你没有佛性。说你没有佛性，但你并不欠缺佛性。你既不肯放下，也不肯提起，是没有佛性，还是不缺少佛性呢？"

信徒至此才稍有契悟。

养心法语 ————————

禅门的人生观就像提皮箱一样，有时要提得起，有时要放得下。当得提起时要提起，当得放下时要放下。没有禅慧的人生，当提起时不提起，当放下时不放下，甚至当放下时反而提起，当提起时反而放下。

众生颠倒愚痴，不明事理，假如生活里有一些禅机，心地有一些禅味，就不会颠倒了。

一与二

在中国佛教传播史上，佛教虽然未与其他宗教发生过战争，但是佛教传入初期，与中国原有的道教，偶尔会有一些辩论。

有一次，某位道士就对法印禅师说："你们佛教怎么样也比不上我们的道教，因为佛教最高的境界是'一如'、'一心'、'一乘'、'一真法界'、'一佛一如来'，都只是'一'而已，而我们道教无论讲什么都是二，比方'乾坤'、'阴阳'等等，这些都是'二'，所以道教的'二'自然要比佛教的'一'高明。"

法印禅师听了以后，一脸不解似的问道士："这是真的吗？你们的'二'真能胜过'一'吗？"

道士说："当然啊！只要你说'一'，我就能'二'，绝对能胜过你们。"

这时候，法印禅师便将自己的一条腿慢慢地竖起来，然后对道士说："现在我已经竖起了一条腿，你能把两条腿同时竖立起来吗？"

道士瞠目结舌，说不出话来。

养心法语 ────────────

佛教史上记载，中国曾有"三武一宗"的教难，大多是因为道士嫉妒佛教所引起的。佛教虽然崇尚和平，仍难免为道教所不容。

法印禅师和道士的问答，就是方便机辩，这也可说是禅的巧妙运用。有了禅，就有灵巧、慧思、机辩；有了禅，就能不颠倒、不恐怖、不妄想。禅统一了自己，统一了时间；禅能带给我们所谓"一即一切，一切即一"的内在世界，真是非常美妙。

你就是佛

有一天，芙蓉灵训禅师前来参访归宗智常禅师，他向智常禅师提出了一个问题："请问什么是佛？"

智常禅师十分为难地望着灵训禅师说："我不能告诉你。"

灵训禅师再问："为什么您不能告诉我呢？"

智常禅师就说："因为告诉你，你也不会相信。"

灵训禅师马上就说："不！禅师，您是前辈，是大德，对于您的话我怎么敢不相信呢？"

智常禅师听了就点点头，说："好！你既然肯相信，你靠过来，我告诉你！"

智常禅师就把嘴巴贴在灵训禅师的耳朵上，细声地告诉他说："你刚才问我的是什么？"

灵训禅师回答："我刚刚问您什么是佛，谁是佛啊？"

智常禅师立刻附在他的耳边，轻轻地说："你就是佛啊！"

灵训禅师听后先是一愣，随后醒悟地放声大笑说："我就是佛，哈哈！我就是佛。"

养心法语

这个公案告诉我们，"道"不必到外界去追求，毋须心外去寻觅，因为道就在每一个人的心内，自己要直下承担。人人有佛性，自己就是佛，自家的宝藏为什么自己不能认识、不能体悟？

芸芸众生很可怜，忘失了自己，一味在外境上追求。如果我们的心对外去求法，就好比是骑驴寻驴，缘木求鱼，终究是寻找不到的。事实上，每个人都有与生俱来的佛性，所谓"佛在灵山莫远求，灵山就在汝心头"。自依止、法依止、莫异依止，我们不要舍弃自心的灵山，要向自性的灵山去提炼自性的宝藏。

不与人为师

　　牛头法融禅师在还没悟道以前，在江苏的牛头山修行，经常安住在甚深的禅定里。由于太过专注在禅法的参究，无视世间周遭环境的一切人事变化，所以有人经过，他也不理不睬的，因此人们都称他为"懒融"。

　　有一次，四祖道信禅师经过牛头山，看见牛头法融禅师只精进在修定上，便劝告他说："入定与禅悟没有绝对的关系，像你这样偏于枯寂的定境，是无法契入空性的。你要知道，行住坐卧、扬眉瞬目，都是般若妙谛，也都是诸佛的妙用啊！"牛头法融禅师闻言，豁然有悟。

　　有一位学僧，便以牛头法融与四祖道信禅师两人相遇之事，询问舒州投子大同禅师说："牛头法融禅师在未见四祖道信禅师之时，他的境界如何呢？"

　　投子大同禅师回答道："与人为师。"

学僧又问道："那么见了之后，境界又是如何？"

投子大同禅师微微一笑，答道："见了之后，从此不与人为师。"

养心法语 ————————

禅不在坐，也不在定，而在于日常生活中有禅心，所以不是一味地入定，更非什么事都不理。牛头法融禅师未悟道之前，只专注于禅定，看似修行功夫到家，其实还只是停留在世间禅的境界。等到牛头法融禅师悟道以后，了知佛性人人本自具足，生佛平等无二，所以他后来弘化度众，皆不以师自居，因为众生只是一念不觉，以致不能自悟，所以要有善知识的提醒，实则每个人都有自教自悟的潜能啊！

谁在见性？

浙江天台山的云居智禅师，是唐朝末年的牛头宗僧人，为佛窟惟则禅师之法嗣。

有一天，学僧继宗问云居智禅师说："请问禅师，什么是'见性成佛'呢？"

云居智禅师解释说："佛性本自清净，不会因环境而改变，没有净秽、有无、长短或取舍的分别，自然天成。能够如是洞然明白，就是见性。性即佛，佛即性，故说见性成佛。"

继宗又问："佛性既然是清净的，不属于有或无，为什么还要强调'见'性呢？"

云居智禅师回答："那只是勉强说见，其实是无所见。"

继宗又再探问："既然是无所见，那么要见什么？"

云居智禅师答道："就算是见处之时，也无所见。"

继宗思索了一会儿，再问："那么如果见时，是谁在见呢？"

云居智禅师说："根本没有一个能见者！"

继宗更加迷惑不解："禅师，这究竟是什么道理？"

云居智禅师大喝道："一切所谓的有，皆是因妄想执著而有，所以才有种种迷惑。你执著于有个'谁'、有个'见'，就离道愈来愈远了！一旦起了执著，就有能见、所见的分别心，这样怎么能够见性呢？"

养心法语 ——————————————————

见性，就是找回我们的本来面目。一个见性的人，与凡夫同样都有见闻觉知，但却能够见无所见，不受外境所染，不被境界所迷，所以他能够了知诸法的实相，对宇宙万物平等一如，超越一切的分别对待，安住在如如不动的佛性中。只是要如何见性？这得问自己，因为这是别人无法代替的。

悟道之本

有一位学僧跟随禅师学禅，自己平常也非常用功打坐，虽然心无杂念，但是他始终没办法开悟。

有一天，他去向禅师求教，禅师随手拿起身边的一个葫芦，然后对学僧说："你去把这个葫芦装满水，然后把盐巴倒进去，等盐巴溶化了之后，你就开悟了。"

学僧一听，非常高兴地遵照禅师的指示去做。不久之后，学僧垂头丧气地前来向禅师报告："葫芦的口太小，虽然勉强塞进了盐块，可是盐却不溶化；用筷子搅拌，又搅不动。所以，直到现在盐块都还没有溶化，我想，我是没法开悟了。"

禅师听了以后，将葫芦里的水倒掉一些，然后摇动几下，不一会儿，盐块就溶化了。

这时，禅师慈祥地对学僧说："一天到晚用功，不留一些平常心，就好像装满水的葫芦，摇不动、搅不动，如何溶化盐？又如何开悟？修行如弹琴，弦太紧会断，太松则弹不出声音，唯有中道平常心才是悟道之本。"学僧终于领悟。

养心法语

世间事，不是一味执著就能进步的，读死书而不活用，不能获益。留一点空间给自己转身，余一些时间给自己思考，不急不缓，不紧不松，才是入道之门。

所以，我们平常做事，不要操之过急，总要等时机因缘成熟。因缘俱全，时间到了，就像树上的花结成果子，这当中也得经过春风润泽，秋霜煎熬，再经过足够的时间等待，才会更有味道。

我还有你呀

　　佛光禅师住持传灯寺时，跟随他学禅的徒众很多。有一天，佛光禅师开讲禅门真诠以后，徒众甲向禅师禀告道："老师，生死事大，想了生脱死，唯有念佛往生净土，故弟子想跟您请假，到灵岩念佛道场去学习念佛法门。"

　　佛光禅师听了，非常欢喜地说："你去学了净土念佛法门回来，让我们传灯寺佛声不断，使我们的道场真正如莲华世界。"

　　接着，徒众乙合掌禀告说："老师，戒住则法住，佛门没有比戒律更重要的事，所以弟子想请假到宝华山学戒堂去学戒律。"

　　佛光禅师仍然高兴地说："很好，你学律回来后，能让我们道场的大家都具有三千威仪、八万细行，成为一个真正的六和僧团，真是太好了。"

话刚说完，弟子丙亦整衣顶礼说："老师，我想学道最要紧的就是即身成就，弟子思前想后，想到西藏学密去，要即身成佛。"

禅师听了以后，淡淡一笑，马上就说："很好，密宗讲究即身成佛，你如果学密回来，影响所及，我们这里一定有很多人当生成就金刚不坏身。"

一旁的侍者非常不以为然，很不满地说："老师，您是当今一代禅师，禅又是当初佛陀留下来以心印心、成佛作祖的法门，所以没有比学道参禅更重要的事；他们应当留在您座下学禅，以期直指人心、明心见性才对，您怎么可以鼓励他们到其他地方参学呢？"

佛光禅师听了，哈哈大笑："我还有你呀！"

养心法语 ————————————

青年学者，不易专心于一道，总是"此山望见彼山高，到了彼山没柴烧"。不经过一番磨练，不会觉悟道就在身边。正如唐朝无尽藏比丘尼诗云："尽日寻春不见春，芒鞋踏破岭头云。归来笑拈梅花嗅，春在枝头已十分。"佛光禅师的一句"我还有你呀"，到底是侍者比较能明白禅师的心。

大菩萨在哪里？

　　无德禅师对于弘法利生相当发心，平时，只要有人请法，他都乐说不倦。此外，他对于佛教的各种文教、慈善事业也都努力不懈，只要大众有需要的地方，他都倾尽全力地协助。多年来，他始终如一日，慢慢地，无德禅师获得了众多信徒的拥戴以及教界一致的赞美。

　　有一天，无德禅师的大弟子，听到邻近某家寺院的法师赞叹："说起无德禅师这个人啊！不但为人慈悲，平日更是发心弘法利生，为佛教奉献许多心力，真是难能可贵，实在是一位大菩萨呀！"

　　无德禅师的弟子听到他人如此赞叹自己的师父，心中也欢喜不已。回到寺院之后，赶紧跑到师父跟前，眉飞色舞地向师父无德禅师报告说，今日友寺的法师赞美师父是一位大菩萨。

哪里知道无德禅师冷不防反问了徒弟一句："大菩萨在哪里？你倒说说看。"

　　无德禅师的弟子因为每天都和师父这位人间菩萨在一起，已感受不到自己的师父和他人有什么不同之处，突然被师父这么一问，茫然不知如何回答。

养心法语 ━━━━━━━━━━

　　人这一生的生命，如果以上等人、中等人及下等人来做个区分的话，所谓的上等人，就是无论做什么，都是做有利人间、为众谋求福利的事情；至于中等人，则是对于这个世间，虽然有所付出，但也是有取有得，只是庸庸碌碌而过；还有一些是只想获得别人赐予的人，这便是下等人了。甚至，有一些人是"拔一毛以利天下不为也"，那根本就不名为列等人士了。

　　对于上等人或中等人而言，获得他人的赞美或歌颂，就像无德禅师这样始终关怀众生的人，这是很自然的事。如果不曾做过什么值得让人歌功颂德的事情，那也没关系，只是能直下承担为"菩萨"，有心学习，让自己更上层楼、求进步，这也值得赞叹。再说，凡事不一定都要等着别人来赞叹，能主动开口赞美别人，这也很可贵，因为赞叹也是一种随喜功德呀！

道无轻重

林野通奇禅师是明朝临济宗的僧人，为密云圆悟禅师之法嗣。他曾经驻锡于浙江天台山的通玄寺，后来住持于天童寺。

林野通奇禅师在示寂之前，将最近前来追随他学道的比丘尼印月霖禅师叫到榻前来，指着一包东西，对站立在一旁的比丘尼印月霖嘱咐说："这个你拿去，好自收存。"

印月霖比丘尼打开包裹一看，里面有袈裟、钵、具、拂尘以及林野通奇禅师的手稿，心里已经有数，林野通奇禅师即将往生，想在临终前将法门传授给自己。

印月霖比丘尼将法物捧在手中说："如此重担，怎敢担当？"

林野通奇禅师说："道无轻重，只在悟耳！"

印月霖比丘尼恭敬地举起法物，在榻前向禅师行礼，并说："如此，当将法宝供养诸佛，普及众生。"

林野通奇禅师闻言，含笑而去。

养心法语

在禅门，比丘大部分都是传法予比丘，很少有禅师传法予比丘尼的。在南北朝梁武帝时，达摩祖师从印度将禅法带到中国，影响了汉传佛教，更影响了中华文化，他就曾经为门下的总持比丘尼印可。

时至明朝，印月霖比丘尼获得林野通奇禅师的欣赏。在当时重男轻女的社会里，林野通奇禅师却能破除男女相，将自己悟入佛之知见，传给印月霖比丘尼，而印月霖比丘尼也不负林野通奇禅师之托，当下承担。既然获得法宝，当上供养诸佛，下与众生广结善缘，此不亦宜乎？

无钱无缘由他去，
只修福慧作慈航；
少衣少食不计较，
只求心内有宝藏。

无人我相

　　唐朝的庞蕴居士是一位悟性甚高的禅者。有一次，他到一个讲经的道场随喜听一位座主讲《金刚经》。

　　他看到座主在台上讲得滔滔不绝，不停地讲说什么叫无我相？什么叫无人相？一再谈玄说妙，论空道有，庞蕴居士终于忍耐不住，就站起来走向讲台。

　　座主看到庞蕴居士站在台前，便停止讲经，两眼注视着对方问道："居士，你有什么话要说吗？"

　　庞蕴居士说："我虽是世俗之人，但我知道：无我相，是没有了'假我'，那不就有'真我'了吗？无人相，是没有了对象，那真人不就出现了吗？座主既然讲无我相，不知谁在讲经？既然讲无人相，不知谁来听经？还请座主道来。"

　　座主一时语塞，不知如何回答。

　　不过，座主也不是简单的人物，他反问庞蕴居士：

"既然是如居士先前所说的无我相、无人相，那么您在此讲话，对我说无我相、无人相，又有何分别？"

庞蕴居士说："无我者，则真我也；无人者，则真相也。经义不是这么明白吗？"

座主闻言，不禁抱拳说："领教，领教。"

养心法语

《金刚经》主要的宗要有八个字："无相布施，无我度生"，所谓"离四句、绝百非"，没有丝毫尘埃。

所谓"我"，要能自在，要能自主，而一般之"我"者，既不能自由，也不能自主。"我"随着因缘而变迁，现在之"我"，乃四大假因缘和合之"我"，四大分离，"我"又何在？所以，认识了"假名有"，才能有"真我"出现。所谓"人相"，芸芸众生百千万亿，又有谁能相同？"人相"的定义何在？

所以，去除了那许多虚妄，才有一个真我；去除了妄相，才有一个真相。庞蕴居士不愧是禅门高手，对于空、有之境界，自有立说也。

钉铰虚空

唐朝的河北镇州宝寿沼和尚，是临济宗开宗祖师临济义玄禅师的门下弟子。他接引学人的方式，也多承继临济家风，以叱喝来彰显禅的大机大用。

有一次，有一位在当时以修补瓷器、锅碗瓢盆为业，又能作诗为文的居士前来参见。宝寿沼和尚见了他，问："莫非，你就是大家口中所说的'胡钉铰'？"

胡钉铰回答道："不敢当。"

宝寿沼和尚问："既然什么东西到了你的手上，都有办法钉铰修补，那么，我请问你，除此之外，你能钉铰虚空吗？"

胡钉铰说："请和尚先把它打破，我再来钉铰。"

宝寿沼和尚听了他的回答之后，随手拿起手杖，朝他挥打过去。

胡钉铰闪过身，大声说："哎呀，和尚可不要错打了我呀！"

宝寿沼和尚说："以后再有像你这么多口的人，就让老僧来为他剪补吧！"

胡钉铰说："敝人口不留缝，恐怕禅师无法修补。"

宝寿沼和尚说："那我已经替你修补好了。"

胡钉铰立刻长跪礼拜说："弟子领受了。"

养心法语 ————————————————

禅者，不一定是大和尚、大学问家，也不一定是大人物。这一位从事钉补的小人物，他的慧解超然，对于禅法，心中早有领会，所以宝寿沼禅师要他修补虚空，他能马上应对说："你要把虚空打破，让我来补。"老和尚说，你再多言，我就替你把口缝补起来。胡钉铰答道，我的口密不通风，你怎么补？此话的口气，都让宝寿沼禅师听了以后，感觉到他禅功非凡，所以也跟着说，我都替你修补好了。

在如此一问一答之间，他们较量的禅意，跃然出现在吾人眼前。假如当今，禅门能有如此之问答，不亦快哉！

转读《大藏经》

有一位大富长者很仰慕洞山良价禅师，他听人说，请寺院的法师为自己和家人转读《大藏经》，功德很大。有一天，他特地带着家眷到洞山良价禅师的寺院布施供养，并且请良价禅师为他转读《大藏经》。

良价禅师听了微微一笑，从禅座上走了下来向长者合掌作礼。长者看到了，也跟着合掌回礼。良价禅师接着又对他招手示意，绕行禅座三圈，长者也跟着禅师绕行三圈。之后，良价禅师合掌作揖，就回到禅座上盘腿而坐，闭目沉思。

大富长者茫然不知良价禅师的意思。

过了一刻钟，良价禅师缓缓张开眼睛，看着大富长者说："你会意了吗？"

长者一头雾水，摇摇头说："不能会意。"

良价禅师说："你来不是要我做什么吗？"

大富长者说："我听说转读《大藏经》功德很大，所以想请您转读《大藏经》。"

良价禅师微微笑说："我刚才已经为你转读《大藏经》了呀！怎么还说不能会意呢？"

大富长者听了，当下若有所悟，满心欢喜地礼谢良价禅师的无言开示。

养心法语

三藏是指"经律论"，意思就是三学"戒定慧"，经为定学，戒为律学，论为慧学。现在良价禅师闭目禅坐，正是不立文字，绝思惟、斩分别，不正是如长者所求为他诵读经藏吗？这位大富长者最初不解其意，后经洞山良价禅师说明，也能稍会其意，可以说非常难得。

现在，在佛门里找不到一个入处的有钱之士，如果能像这位大富长者，知道无言说法、无情说法、无声说法，也算是难得的了。

没有鼻孔的牛

韩国曹溪宗的镜虚禅师年少就出家了，二十三岁已通晓所有的重要经藏，是当时知名的经教师。

有一天，镜虚禅师出外拜访他的老师，途中经过一个小村庄，但是村里一片死寂，令他不由得心生恐慌。正打算快步离去时，看到一块警示牌写着："危险，这里有霍乱，珍惜生命者请尽快离开。"

简短几个字让他惊觉："我已是通晓佛陀经教的大法师，为什么还会感到害怕？纵然我明白生死是人间实相，其实还是非常执著自己的色身啊！真是惭愧，我应该反观自照，探求自性。"他回到寺院之后，便解散所有学生，只留下一位侍者打理杂务。

有一天，侍者出外化缘，遇到镜虚禅师的好朋友李道者。李道者问他："你师父近况如何？"侍者回答："师父非常用功，每天除了吃饭，其他时间都在静坐、参禅。"

李道者叹息说："如果只是这样，他死后会轮回做牛。"

侍者不服气地说："不，我师父是伟大的学者，他死后一定往生佛国。"

李道者摇头说："你不该这么回答我。"

侍者问："那么该如何回答？"

李道者："若是我，我会说：'如果我师父轮回做牛，他会做没有鼻孔的牛。'"

侍者奇怪地问："那是什么意思？"

李道者微微一笑说："去问你师父吧！"

侍者回去向老师镜虚禅师报告这件事，禅师听了豁然开悟，哈哈大笑，并且写下一首悟道偈：

忽闻人语无鼻孔，顿觉三千是我家；

六月燕岩山下路，野人无事太平歌。

养心法语 ————————

镜虚禅师的侍者只在名相上认为师父不是牛，他不知道"没有鼻孔的牛"可以不受人牵制，那是多逍遥自在。所以，李道者是赞美镜虚禅师已经得到解脱了，但侍者不知，还要维护师父。就如"丹霞烧佛"，烧佛的是敬佛，保护佛像的，却没有真正认识佛是什么。因此，禅者不能在表相上一味执著，要在言语道断之外，找到另外的一啄才好啊！

不行古道

　　韩国有一位长于经教及文章书写的心冠禅师，他在年少的时候，就决定投入大觉禅师的座下学习经教，成为佛光门下的弟子之一。

　　心冠禅者初到白塔山礼拜大觉禅师之时，禅师一见到他，开口便问：“你从哪里来？”

　　心冠禅者恭敬地回答道：“学人沿着古道而来。”

　　大觉禅师一听，立刻追问他说：“那么，你有见到古人了吗？”

　　心冠禅者诚实地回答道：“没有见到古人。”

　　大觉禅师再问：“既然没有见到古人，那你为什么要走他的古道呢？”

　　心冠禅者一时之间不能明白大觉禅师的意思，就反问道：“请问，那我应该要走什么路？”

　　大觉禅师答道：“你应该走出你自己的一条路。”

心冠禅者听了，心若所悟，但仍然继续问大觉禅师说："什么是自己的一条路呢？"

大觉禅师回答："现代的活路。"

这一番话听在心冠禅者的耳中，犹如醍醐灌顶。他即刻合掌礼拜，从此安住在大觉禅师的门下学习，弘法利生，并且得其法要。

养心法语

古道是传统，如果一名禅者只是一直躲在传统里，就不能脱颖而出。是禅者，就要走出自己现代的道路，其实大觉禅师就是在暗示当代的人间佛教。

如果只是在禅堂里面打坐、思惟，不到马路上来头顶青天、脚踩大地，眼中没有看到芸芸众生，不去救苦救难，没有想到现今社会人心的需要，那又算是什么禅者呢？

今天都有

　　宋代的黄龙慧南禅师，信州玉山（江西上饶）人，十一岁依定水智銮禅师出家，十九岁受具足戒。曾参礼栖贤澄湜、云峰文悦、石霜楚圆等大德，皆受到印许，此后到同安院开堂说法，十方云集。

　　有一天，慧南禅师上堂说法，问大家："所谓'大叩大鸣，小叩小鸣，不叩不鸣'，敲钟钟鸣，击鼓鼓响。今天大家安然端坐在这里，殷勤问讯，这不过是世间法，哪一个才是佛法呢？"

　　有一名学僧站出来说："过去的大德教导学人，有'德山棒、临济喝'，至今已经很少人运用了，乞请老师能再为我们使用。"

　　慧南禅师回答道："千钧之弩，不为鼷鼠而发。"

　　学僧听了，心中不服气，说："在座的，各种禅人宗师皆有，不论是善于诗文的，体证旨要的，或是善巧方便接引学人的，今天都有，请老师不必客气。"

慧南禅师只是看了这名学僧一眼，然后对他大喝一声。

学僧心中有悟，顿生惭愧，连忙就地礼拜。

慧南禅师沉默了一会儿，才淡淡地说："五湖四海的禅僧学人，还没到这里来之前，尽管保有你们的疑情疑虑。等到认清了自家面目，就可五湖四海任意逍遥了。"

养心法语

所谓"不经一番寒彻骨，哪得梅花扑鼻香？"世间上的人，无论学什么东西，都不是在顺境里就能完成的，有时候逆境更容易成就道业。就好比佛陀，他不在天上成佛，而是降诞于娑婆世界成就悟道的。苦难，就好像水果的酸涩，成熟之后，才会香甜可口。所以，只要在团体里能够经得起磨练，能够缩小自己，委屈自己，成就以后，五湖四海，又怎不逍遥自在呢？

好雪片片

有一天，庞蕴居士到药山拜访药山惟俨禅师，没多久，庞居士就辞别要下山去，惟俨禅师便请了十位禅人为他送行。

当时，外面正飘着细雪，庞蕴居士走到门口，抬头看看天上飘落的雪花，意有所指地说："好雪片片，不落别处。"

其中有一位禅人马上接过话来，问："不落别处，那么它是落在哪里呢？"

庞蕴居士忽然转过身，重重地打了他一拳。

这位禅人吓了一跳，大叫说："你怎么这么粗鲁，随便乱打人呢？"

庞蕴居士扬起脸，喝斥他："你这样也算是一个参禅的人吗？阎王老爷可不会放过你喔！"

这位禅人仍不服气，扬声说："你说这话是什么意思？"

庞蕴居士叹了口气，说："对一个参禅人来说，哪里不是道？可是你却是眼见如盲，口说如哑，要我从何说起呢？"

这位禅人一听，言下若有所会。

养心法语

多年前，上海的高楼上，有一公子在寒冬夜里推开窗户，不禁吟诗一句："大雪纷纷满天飘。"想不到楼下走廊上，有一位贫苦的人士听到这句话，就回应说："老天又降杀人刀。"楼上的公子又再吟："再落三尺方为景。"穷苦的人就慨叹说："我辈怎能到明朝。"

同样是下雪，可是在贫、富人的眼中，雪是不一样的境界。庞蕴居士看到下雪，说雪不落别处，那么落在哪里呢？可能在空中就融化了，或者落在地上？落在身上？落在心上？庞蕴居士实在是一个参禅的高手，青年禅人哪里是他的对手呢？所谓"本来无一

117

物",何必一定要了解它落在什么地方？这样的分别执著,哪里能有所悟？所以,庞蕴居士才不禁教训说:你眼见如盲,口说如哑,怎么能悟道呢?

古涧寒泉

唐朝时候的雪峰义存禅师，俗姓曾，为福建泉州人，十七岁剃发出家。数年后，在河北幽州的宝刹寺受具足戒。之后，参学于十方丛林，在湖南武陵德山宣鉴禅师之座下学习，并且得到德山宣鉴禅师的法要。后来在福州象骨山创建寺院，开演教法。由于象骨山终年寒冷，每每未冬先雪，所以有"雪峰"之称，因此，义存禅师便以"雪峰"作为自己的名号。

雪峰禅师在接引学人的时候，时常以机锋或隐语来提示学僧，不要堕入文字的障碍。假若有学僧主动提出疑问，他也经常将问题回归给提问者，激励他们要能走出自己的道路。

有一天，一位年轻的学僧问雪峰禅师说："请问老师，什么是'古涧寒泉'呢？"

雪峰禅师大喝说："禅心难测！"

学僧闻言，不解地皱了皱眉头，又问雪峰禅师说："可是，总该给他一个交代吧！"

雪峰禅师微微一笑，回答道："那就要靠你自己去探索了。"

养心法语 ————————————

禅门的话头不是猜谜语，谜语是用猜的，而禅门是要直截了当，由悟而出的。这其中没有时空，必须截断众流，才能让后学有个入处。雪峰禅师用禅心来表示古涧寒泉，因为禅本来就是"一朝风月，万古晴空"，要想了解古涧寒泉，也是一样，必须能体悟"一朝风月，万古晴空"的心情，才能揣摩到自己的本来面目。

声名已去除

曹洞宗祖师洞山良价禅师，幼年出家，曾有告别母亲的信函，表明自己坚定的向道之心。良价禅师得法于云岩昙晟禅师，与徒弟曹山本寂，建树曹洞，大弘宗风。在禅门的五宗七派中，曹洞宗是能与临济宗抗衡的大型宗派。

良价禅师年老圆寂之际，众弟子们围绕在他左右，倾听老师最后的遗言。

良价禅师潇洒地对徒弟们说："人在世间，要处处无踪迹，可惜我洞山浪得虚名，受信徒拥戴，你们大家说说看，能否有办法让我不留一点名声在世间，可能吗？"

诸位长老、弟子听了，都面面相觑，一片寂然，不知如何回答。

座中，有一位沙弥起立合掌，说："各位长老，请容晚辈放肆。"接着轻声对良价禅师说："老师，您能说出您的宗号吗？"

一个沙弥竟然叫老师说出他的名讳，这在规矩里可说是犯大不敬。但良价禅师毫不为意，点头说："雁过不留迹，竹影不留痕。"说后，哈哈大笑，欢喜地告诉沙弥："你终于去除我的痕迹了。"

养心法语

禅门的修行者，是不着一物的，就等于六祖大师的"本来无一物，何处惹尘埃"。又如香严智闲禅师所说的"处处无踪迹，声色外威仪"。一法不留，一法不执，那种潇洒，与虚空同在，是那么逍遥任性。

良价禅师身为一代宗师，我想，他最挂念的是"迟碍"、拖泥带水。良价禅师在圆寂的时候，一众弟子想要听听他的遗言，他不觉说出他心中的感受。沙弥问他的尊号，不是冒犯，只是要让他表达无牵无挂的证悟，所以在说过"雁过不留迹，竹影不留痕"之后，良价禅师也不禁微笑示寂了。

请施钱财

唐代池州（安徽境内）的甘贽居士，在南泉普愿禅师门下学习，并且得到南泉普愿禅师的印可。

有一天，甘贽居士到南泉普愿禅师的道场设斋，当时黄檗希运禅师在道场中担任首座一职，甘贽居士拿着三文钱进入僧堂，直接走到黄檗希运禅师的面前，然后将手往前一伸，说："请上座施我钱财。"

黄檗希运禅师看了看他手中的三文钱，再看看甘贽居士，微微一笑说："财施有限，法施无穷，你为什么只要有限？不要无穷呢？"

甘贽居士听了，非常欢喜，立刻把三文钱递到黄檗希运禅师的面前，说："请上座接受我的无穷无限。"

黄檗希运禅师点点头，回答道："善哉，佛子！善哉，佛子！"

甘贽居士于言下大悟。

养心法语

佛法里面经常提到"布施"，究竟布施是给人？还是给自己？布施，看起来是给人，实际上是给自己。你不在田里播种，到了秋冬，哪里有收成呢？

给人一句好话，能得到别人的一个微笑，连空谷都能有回音，施舍又怎么不能获得呢？只是，有相布施总是有限，无相布施才能无穷无尽。

甘贽居士的三文钱，可以打斋，可以供佛及僧，此中，吃了饭的人，以此为色身资粮，将来可以修行悟道。悟道了，就心如虚空，量周沙界，从有相到无相，从有穷到无尽，从有为到无为，这样，不就从世法进入到佛法了吗？

回向了也

　　庞蕴居士是唐朝有名的在家禅者，曾参礼过石头希迁及马祖道一禅师，他参禅悟道后，从此逍遥物外，以编织竹器为生。他还为夫人及儿女说法，使他们也契入禅道，一家和乐融融。庞居士有一首偈颂形容他们的家居生活，十分贴切："有男不婚，有女不嫁；大家团栾头，共说无生话。"而庞居士的夫人，向来以机锋迅速为人所称道，人称"庞行婆"。

　　有一次，庞行婆到鹿门寺设斋供众，寺里的维那师依佛门的礼仪，对她说："感谢居士供养粥斋饭食，本寺今日特别准备供斋文疏，还请您来做个功德回向。"

　　庞行婆一听，微微一笑，顺手就从怀中拿出一把梳子，朝自己的发髻一插，洒脱自在地说："回向了也！"说完，便径自走了出去。

慈受怀深禅师听了这段公案，对庞行婆赞叹有加，写下了一首偈颂：

庞婆移转髻边梳，一段风流举世无。
万世便将公道断，维那不用笔头书。

养心法语

在佛门里，做了一些功德善事，要回向才有个目标。就如我们吃饭，愿这一碗饭，天下人都能获得温饱；又如一件衣服，不论是人给我，或是我给人，都可以回向，愿天下人都不受寒冷。因为有回向，才把一件事情扩大到无边法界，所以有"回小向大、回事向理、回因向果、回自向他"的意义。

寺里有人打斋供众，维那师当然要准备文疏、表章来为斋主回向。不过，庞行婆也是深入禅海，已经没有这许多繁文缛节，因此用一把梳子朝头上一插，代表了打斋供众功德等事。慈受怀深禅师的这首诗，就是说明庞行婆已经表达了供斋的意义，不需要维那师再来表白，因为她已经回向了也！

差点空过一生

今觉悟彻禅师的法系门人，共有一千三百余众，分散在各地弘法利生、服务大众。其中有一位聪慧禅僧，他在今觉禅师座下学道多年，认真随众修行，但始终不能明心。

有一天，聪慧禅僧前来拜见今觉悟彻禅师，今觉禅师想试试他的根机，于是就叫唤他的名字："聪慧！"

聪慧禅僧恭敬回答："学人在！"

今觉禅师没有说什么，仍然招呼他："聪慧！"

聪慧禅僧再次回答："学人在。"

今觉禅师又再叫唤他的名字："聪慧！"

聪慧禅僧依然应诺："学人在。"

如此三次召唤，聪慧三次都应答"学人在"。

今觉禅师不禁斥骂："你这个钝根的出家人！以后可别怪我辜负你。"

聪慧禅僧被喝斥以后，才豁然警醒，欢喜地说："老师，您先别骂我，如果聪慧这次没有来礼拜您，恐怕就会空过一生了。"

今觉悟彻禅师这时才点点头，认可了聪慧的回答。

养心法语

禅，重视"机"、"用"，要能够入门悟道，就要机缘相投，针线一用。今觉悟彻禅师对聪慧三次叫他的名字，聪慧三次回应弟子在，这其实没有不对，但这只是世俗的礼貌。今觉禅师当然不能满意，只有再助他一臂之力，骂他："你这个钝根的出家人。"意思是你俗不可耐，在这种地方还需要世俗的礼仪吗？真是太不入道了。

在今觉禅师这样严苛的责备之下，聪慧终于有省。因此赶快回答道，我没有老师的开导，我将空过一生啊！

今觉禅师听了他的回答，知道聪慧已经通达禅意，能够印心，所以就将禅法传授给他了。

卷 三

世间是苦空无常的，你只有体会苦空无常，

去寻找超越了世间生死无常之外的涅槃，

那才是一个安全的地方啊！

如此解脱

　　法庆禅师的侍者读了《洞山录》这本禅书，看到书里洞山良价禅师吩咐做"愚痴斋"之事，非常感慨地说："古人能在生死中那么任性，实在很奇怪！"

　　法庆禅师顺口说："我坐化时，你可以用话唤醒我，若叫得回来，也是生死自在之士。"

　　侍者看看法庆禅师，禅师就作了一首预言的诗偈：

　　　　今年五月初五，四大将离本主；
　　　　白骨当风飏却，免占檀那地土。

　　诗偈的意思是：我今年的五月初五就要圆寂了，届时这个地水火风四大和合因缘所生的身体，就要离开我而四散了，你就让我的白骨随风飏散，不要埋葬，免得占用了檀那的土地。

到了五月初五，法庆禅师将所有的衣物，交给侍者去供僧结缘。就在刚听到初夜的钟声时，法庆禅师跌坐圆寂了。侍者记起法庆禅师生前曾告诉他的遗言，赶忙呼唤："禅师！禅师！"

过了许久，法庆禅师睁开眼睛，问："做什么？"

侍者说："禅师为什么不将衣服鞋袜穿好才去？"

法庆禅师回答："当初来时，我根本就不曾带什么来呀！现在要去了，又何必一定要带什么东西而去呢？"可是侍者仍然执意要将衣服给法庆禅师穿上。

法庆禅师慨叹地说："一点东西都不肯留给后人。"

侍者不解地问："正恁么时如何？"

法庆禅师答道："也只恁么。"并写了一首偈语：

七十三年如掣电，临行为君通一线；
铁牛踔跳过新罗，撞破虚空七八片。

说完后，俨然而化。

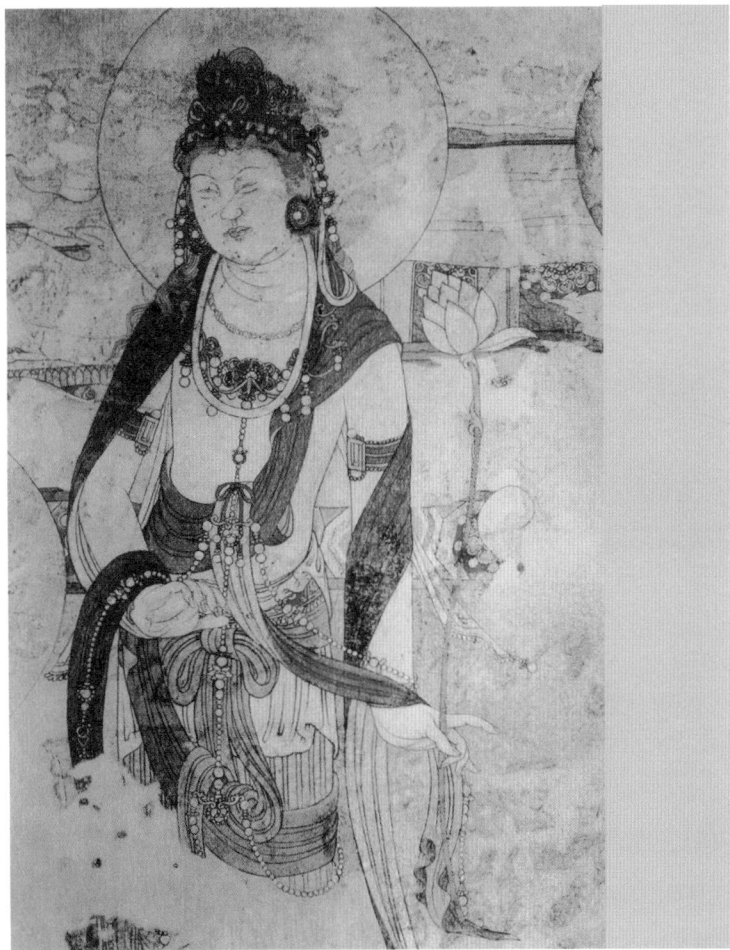

成功不必在我，只要俯仰无愧；
失败无须介意，只要努力不懈。

养心法语 ————————————————————————

　　有人问，禅者有生死没有？禅者或有生死，但禅者在生死中非常自在。赤裸裸地来，赤裸裸地去，面对生死，而不惧生死，能从容放下，正恁么时，也就是所谓解脱自由了。

生死由他

五代时候，有一位保福从展禅师，他在即将辞世示寂之时，向门下的弟子们说："我近来气力不继，想来大概世缘时限已经快要到了。"

弟子们闻言大惊，纷纷安慰师父说："师父的法体仍很健康！""弟子们仍然需要师父的指导！""请求师父常住世间，为众生说法，千万不能这么早就辞世啊！"

其中有一位弟子走上前，问："老师，假如人生的期限已至，是去好呢？还是留好呢？"

保福禅师以非常安详的风度、非常亲切的口吻反问这位弟子："那你说怎么样才好呢？"

这个弟子毫不考虑地回答："生也好，死也好，一切随缘，由他去吧！"

保福禅师哈哈一笑，说："我心里要讲的话，不知什么时候被你偷听去了。"

话才说完，保福禅师便结跏趺坐，安然示寂。

养心法语 ————————————

说到生死，在一般世人看来，生之可喜，死之可悲，但在悟道者的眼中，生固非可喜，死亦非可悲。生死是一体两面，生死循环，本是自然之理。宗衍禅师曾说："人之生灭，如水一滴，沤生沤灭，复归于水。"芙蓉道楷禅师示寂时更说得好："吾年七十六，世缘今已足，生不爱天堂，死不怕地狱;撒手横身三界外，腾腾任运何拘束?"

禅者的生死，有先祭而灭，有坐立而亡，有入水唱歌而去，有上山掘地自埋。总之，生不贪求，死不畏惧，禅者视生死均为解脱。

默然无语

黄龙慧南禅师有一次出城去，与洞山慧圆禅师相遇于净戒寺。

黄龙禅师默然无语，洞山慧圆禅师也沉默不言，两人只是焚香对坐。就这样，从下午一直坐到深夜，不动也不说。

后来，洞山慧圆禅师终于站起身来，说："夜深了，不妨碍和尚您休息。"说完，就走了出去。

第二天，两人各自回到自己住的地方。黄龙禅师一回到自己的禅院，便迫不及待地向永首座询问："您住庐山时，认识一位洞山慧圆长老吗？"

永首座回答道："不认识，只听过他的名字。"

随后，他反问黄龙慧南禅师："老师，您这次见到洞山慧圆禅师，您看他是怎么样的一个人？"

黄龙禅师答："奇人，奇人！"

永首座退下以后，就去询问跟随黄龙慧南禅师一起到净戒寺的侍者："你随老师见到洞山慧圆禅师，听说两人对坐的时间很长，他们在夜间谈些什么呢？"

侍者就把两人对坐无语的情形说了。

永首座听完，深深地呼了一口气，喟然大叹："疑煞天下人！"意指这两人虽然对坐不语，实在是说尽了天下的语言。

养心法语 ————————————

人与人之间，要用语言文字才能交换思想意见。然而有时语言文字，反把理路愈说愈混淆不清。

禅不立语言文字，禅师们传道，有时棒喝笑骂，有时谈东说西，都是直截了当的教育。黄龙禅师和慧圆禅师虽然无言，岂不已心心相印了！

谁在井中？

　　有一位年轻的学僧问石霜性空禅师说："什么是祖师西来意？"

　　石霜性空禅师回答："假如有人跌入千尺深的井中，你能不用绳索把他救出来，那个时候我就告诉你。"

　　学僧说："近日湖南才出世领众的龙牙山圆畅禅师，也是像你一样，讲的话不合乎常识。"

　　石霜性空禅师就叫仰山慧寂禅师前来，把这位年轻的学僧赶了出去。

　　后来，仰山禅师就问耽源应真禅师说："依你看，怎样才能救出井中的人呢？"

　　耽源禅师反问："痴汉，谁在井中？"

　　仰山禅师无法回答。之后，他又问沩山灵祐禅师："老师！依您看，怎样才能救出井中之人？"

沩山禅师出其不意地大叫："仰山！"

　　仰山禅师应诺。

　　沩山禅师哈哈大笑说："从井里出来了！"

　　后来，仰山禅师把这些话告诉众人说："我在耽源禅师处得名，沩山处得地。"

养心法语

　　禅者讲话经常不合乎常识，因为禅本来就超越了常识。一般人的思想观念，总在事相上解释来、解释去，殊不知这都是妄心上的知见，也就是分别意识，不是禅心上的体悟。如果是禅心上的体悟，那么当下就是。

　　人有时自我束缚，真是庸人自扰。解铃还须系铃人，解脱还是要靠自己。所谓从井里救上来，哪一个人能来救我们？能救我们的只有自己！当堕落在千尺深的坑井中，要假他人的绳索才能救得起来，这从事相上去做是多么麻烦的事；如果能直下承担，从理上去会，自己跌倒自己爬起来，那世界不是又为自己所有了吗？有些人老想要得到别人的帮助、别人的鼓励或安慰，其实从外面来的，都不是自己的，终究靠不住。唯有从自己的内心体会，勇猛精进奋发，三千世界不都是我们的吗？

上座何在？

黄檗希运禅师叫门人临济义玄禅师送一封信给同门的沩山灵祐禅师。沩山灵祐禅师吩咐门人仰山慧寂禅师前去接待。

仰山禅师拿到信后问临济禅师："这封信既是黄檗上人写的，请问临济上座，您的信在哪里？"

临济禅师一听这话，就说："我的信不是已经交给你了？"两人都打着禅机说话，语毕，一同去见沩山灵祐禅师。

沩山禅师问临济禅师："黄檗禅师门下究竟有多少僧徒？"

临济禅师答："七百人。"

"其中什么人才能担任上座呢？"

"刚才已请仰山师兄把信给您！"临济禅师如是回答。

仰山禅师到这时才把信拿出来，他说："信是在这里，上座不知在哪里？"

这时，临济禅师反问沩山禅师说："请问你们这里有多少僧徒？"

沩山禅师回答："我这里有一千五百人。"

临济禅师说："人可真多啊！"

沩山禅师说："你老师黄檗那里也不少。"

"反正你们人多，能不能还给我们一个上座？"临济禅师再问。

沩山禅师不答，只嘱咐仰山送临济一程。

路上，仰山禅师对临济禅师说："你去北方吧！可能找得到上座。"

"会有这种事吗？"临济禅师怀疑地问。

仰山禅师毫不犹豫地回答："你尽管去吧！是上座的自然认识上座，不是上座的当然不认识上座。不过，所谓上座，恐怕也是有头无尾，有始无终。"

临济禅师后来到了镇州，普化禅师已先在那里了。临济禅师要建僧堂时，就请普化禅师为上座，从旁协助。可是，正当临济的教化盛行时，普化禅师就因缘已了，入灭了。

养心法语 ————————————————————

　　禅师对于人事悟境，向以不说破为主，但禅师们老婆心切，接待学人又慈悲心为重，遮遮掩掩，这就全靠学者会意了。

晒香菇

日本曹洞宗之祖永平道元禅师，他曾经在宋朝的时候来到中国参学。

当时，浙江的天童寺里，住着一位八十多岁，弯腰驼背的老和尚。

这一天，老和尚正在大太阳底下晒香菇，道元禅师刚巧经过看到了，道元禅师很不忍心地对老和尚说："长老，您年纪这么大了，应该不必再做这种吃力、辛苦的工作，可以找别人来做吧！"

老和尚头也不抬，只是简洁地回答道元禅师说："别人不是我！"

道元禅师仍然对着老和尚继续劝说："话是不错，可是也不必专挑这种大太阳的中午来晒香菇呀！"

老和尚听到道元禅师的这番话后，终于站起身来，瞪着眼前的年轻人，反问道："大太阳时不晒，难道要等到下雨天才来晒香菇吗？"

养心法语 ————————————————

老和尚的回答简短有力，可说是发人深省的悟道禅语，显示出禅就在生活中，连晒香菇都有禅心的朴实。禅师们不是天天都坐在蒲团上闭目打坐，举凡生活中的穿衣、吃饭、搬柴、运水等一切事情，样样都不假手他人，自己亲力亲为，也毋须等到明天，因为当下即是。禅者便是从这些日常的劳动服务里去认识自己，去体会禅的甚深意境。

天童寺里的老和尚所说的"别人不是我"、"现在不做，更待何时"，说明了修行是他人不能代替的，以及修行就在当下。老和尚的这两句话，值得现代人细细参究。

大小不二

唐朝的江州刺史李渤，年轻得志，意气风发。有一次，他向归宗智常禅师求教，他认为佛法里常听到的两句话"须弥藏芥子，芥子纳须弥"，不仅玄奇，而且也不合乎逻辑。因为须弥山容纳得下一粒芥菜子，这句话说得过去，但是小小的芥菜子，怎么能把一座须弥山藏下去呢？这是骗人的吧？

归宗禅师闻言失笑，他反问李渤："人家说你'读书破万卷，下笔如有神'，可有这回事？"

"当然！当然！我读书岂止破万卷而已，我读的书还在万卷之上呢！"李渤一副得意洋洋的样子。

归宗禅师接着又问："那么请问，你所读的万卷书如今何在？"

李渤指着自己的脑袋说："万卷书都读到我的头脑里面来了。"

归宗禅师就说了："奇怪，我看你的脑袋也不过像一个凤梨像一个椰子那么大小，怎么可能装得下万卷书呢？莫非你也是骗人的？"

李渤听了以后，脑中轰然一声，当下深有省悟。

养心法语

佛法，有时从事上去讲说，有时则从理上去解释，要知宇宙万有，事上有理，理中有事；事不可废理，理不可无事，事理要圆融。

"须弥藏芥子"是事，"芥子纳须弥"是理，如果我们能明白理事无碍，那么就能把宇宙的本体和现象融和在一起，把人我融和在一起。本体与现象是平等的，人我也是平等的，无是无非，岂不是一个逍遥自在的境界吗？

只为有，所以来

　　药山惟俨禅师，山西人，俗姓韩。十七岁时依止西山慧照禅师出家，曾在石头希迁禅师座下密证心法、悟道，后参访马祖道一禅师而大彻大悟。四十一岁时入湖南药山，接化学人，所以又称"药山禅师"。

　　有一天，有一个学僧向他请示："弟子生死大事未明，乞老师慈悲开示。"

　　药山禅师就说："我对你讲一句是不困难，如果你能体会那还好，如果言下让你思量，那就是我的罪过；不如彼此都不要开口，免得互相拖累。"

　　学僧仍然不肯罢休，又问："达摩祖师未到中国时，我们东土有祖师意否？"

　　药山禅师回答："有。"

　　学僧又再问道："我们东土既有祖师意，达摩祖师来此又做什么？"

药山禅师答："只为有，所以来。"

学僧又再问："老师平常不许学人看经，为什么老师自己却每天看经？"

药山禅师说："我只是希望以经书遮遮眼睛而已，可是若换做是你，牛皮之厚也遮不住你的眼睛。"

学僧请药山禅师登座说法，药山禅师登座之后，一句话也没有说就下座了。

学僧问："禅师为什么一句话都没有说就下座呢？"

药山禅师回答："经有经师，论有论师，律有律师，怎么怪我呢？"

学僧终于言下大悟了。

养心法语

药山禅师所说的经师、论师、律师，他们都可以讲，可以说，唯有禅是不能讲、不能说，要离开语言文字，才能找到自己的心源。

药山禅师家风孤峻，独树一格，他经常用简单的语句回答你，要你体悟言外的玄机。禅，要在言外之言体悟，正是所谓"玄言玄语"、"机体机用"。他这种斩断的手法，有时候是肯定的，有时候是否定的，主要是让禅者在肯定和否定之外，找到一个安身立命的世界。

不病的体

　　洞山良价禅师曾亲近过南泉普愿、沩山灵祐、云岩昙晟等禅师，后因见水中倒影而彻悟。良价禅师行脚参访的足迹遍历江西、安徽、湖北、湖南各省，最后在江西洞山普利院十年，盛开法筵，接引学子无数，最为杰出者首推云居道膺禅师与曹山本寂禅师。

　　良价禅师六十三岁将示寂时，曹山禅师问他："老师的身体有病，是否还有个不病之体呢？"

　　良价禅师肯定地回答："有！"

　　曹山禅师再问："不病之体，是否看得见老师？"

　　良价禅师笑着说："是我在看他。"

　　曹山禅师不解地问："不知老师怎样看他？"

　　良价禅师说："当我看时，看不到有病！"

　　不久，良价禅师感到身体不适，于是起身清洁沐浴，随后披搭袈裟，敲钟向大众辞别，然后就安然坐化了。

学僧们见状，忍不住大哭起来，此时良价禅师突然睁开了双眼，大喝："出家人心不依物，才是真修行，伤心什么？"

良价禅师命人去办"愚痴斋"，学僧们知道斋后老师又要示寂，所以拖延了七天，才把斋食办好。良价禅师和学僧们一起用斋，餐后，交待学僧们说："切记，人临终之际，大家不要哭泣呼号，今后曹山是你们的善知识！"

养心法语

色身有病，这是可看可知的；法身无病，这就不可看不可知了。所以良价禅师才告之曹山禅师"看不到有病！"色身肉体会有生老病死，但法身本性并没有生老病死，色身肉体不离法身本性，法身本性也不离色身肉体，但如何从色身肉体上去悟到法身本性呢？参！

随心自在

四祖道信禅师听说有一位牛头法融禅师，在牛头山幽栖寺北岩下潜修禅观，于是特地前往拜访。法融禅师看到原来是自己仰慕已久的道信禅师来访，便礼请他开示法要。

道信禅师开示说："所谓'百千法门，同归方寸；河沙妙德，总在心源'。一切的戒门、定门、慧门，神通变化，都自然具足，不离本心。一切的烦恼业障，本来就空寂虚无；一切的因果，都犹如梦幻。没有三界可出离，也没有菩提可思求。你应该任心自在，莫起贪嗔之念，不作诸善，不作诸恶。"

法融禅师问："如果说一有造作，就离了本心，那么境界起时，该如何对治？"

"境界没有好坏之分，所谓的好坏，是由于心在起分别。如果心不强加各种美丑、好坏、净秽等等概念在境界上，那么，各种虚妄的情绪、妄念，又从何而生呢？妄情既然不起，就能见到我们的本性真心，自然能随心自在，毋须刻意再去做什么对治了。"

两人一番对谈之后，道信禅师便将受自僧璨大师的顿教法门，传付予法融禅师。

养心法语 ━━━━━━━━━━━━━━━━━━

修禅，若没有善知识来引导，常常会因为自己的智慧不足而盲修瞎练。光只是天天打坐，是成不了佛的，也没有办法突破现有的困境。境界的突破，还是得从心去着手。一念顿悟，就能解脱自在；一念生迷，就为烦恼所缚，轮回不尸。

虽然理可顿知，但是事仍须渐修，所以还是得老实修行。当修行到相当程度时，心就不会再随外境而攀缘盲转，此时随心自在，佛心自然会现起。

为师胸怀

宗演禅师还是云水僧时，在建仁寺俊崖禅师座下参禅。某个夏日，天气非常闷热，宗演趁着俊崖禅师外出，自己就躺在寺院的走廊上，摊着四肢睡着了。不久，俊崖禅师回来了，看到宗演那种"大"字状的睡相，不禁大吃一惊。同一时间，听到脚步声的宗演也惊醒了，但已经来不及回避，只好厚着脸皮继续装睡。

"对不起，对不起！"俊崖禅师轻声说着，一边小心翼翼地绕过他的脚边，走进客厅。宗演当下惭愧得冷汗淋漓，此后，连一分钟也不敢放逸，朝夕精进参禅。

在俊崖禅师圆寂后，宗演渐渐成为一代宗师，领导三百学僧参禅。他想到过去老师对自己的慈悲，连在走廊上睡懒觉也不责备，所以他待学僧一向都比较宽容。

后来，年老的宗演禅师，常为教育学僧而操心不已，夜里无法成眠，不得已，就利用静坐的时候，小眠片刻。有一次，在宗演禅师座下习禅的一位学僧就批评说："我们的老师宗演禅师，每天打坐的时候，都有打瞌睡的习惯，我们问他为什么禅坐的时候打瞌睡？老师总是说，他是去见古圣先贤，就像孔子梦周公一样。"

这样的批评在学僧中慢慢传开来，甚至新进的学僧也学着在禅坐时睡觉，可是宗演禅师还是不厌其烦地鼓励这些学僧要好好用功，结果学僧就很不服气地对宗演禅师说："我们也是到梦乡去见古圣先贤，如同孔子梦周公一样啊！"

宗演禅师毫不生气，只是反问："你们既然见了古圣先贤，那他给了你们一些什么开示呢？"学僧无言以对，但有所省悟。

养心法语 ————————————————————

　　学僧和老师的境界，终究不一样。宗演禅师承受老师的慈爱，故也以慈爱摄受学人，但教育只有慈爱的摄受，没有威力的折服，不易养成尊师重道的心性。然而宗演禅师的爱心，加上禅味的一句"你们既然见了古圣先贤，那他给了你们一些什么开示呢？"，终于折服顽劣的学僧，醒悟自己是不能与老师相比了。

嫌人说禅

　　圆悟克勤禅师自幼就在今四川成都的妙寂院出家，受过具足戒之后，来到湖北黄梅东北的五祖山法演禅师处参学。

　　有一天，五祖法演禅师对圆悟克勤禅师说："你什么都好，就是有些毛病。"

　　圆悟克勤禅师听了，问道："不知我有什么毛病？还请禅师慈悲开示。"

　　五祖法演禅师回答道："就是禅人多。"

　　圆悟克勤禅师一时无法明白五祖法演禅师的意思，于是又很认真地探问：

　　"我本来就是为了参禅啊！禅师您怎么反倒嫌人说禅呢？"

　　五祖法演禅师严肃地回答道："因为你说得太过玄妙了，其实禅就如同平常说话一般。"

这时候，有一位学僧听到两人的对话，就请示五祖法演禅师说："您为什么嫌人说禅呢？"

五祖法演禅师斥责说："又问又说，这已掉入虚妄的情识分别了！"

养心法语 ————————————

圆悟克勤禅师早年在禅学的参究上，将禅视为是可"参"可"说"的，因此陷入分别、知解的深坑里。禅，原本就不是用来讲说，更不是用来讨论的，而是时时观照念头，在心地上去用功参究。过去丛林的祖师大德，少有开示，只是打坐，若老是将禅挂在口边开示，则有话多之虞。参禅最好能空诸所有，愈单纯愈好，所以，禅堂常以"只管打坐"来提醒学人。只要"坐功"纯熟了，就能"心定"，由定而能发慧，待因缘成熟时，自然就悟道了。

护贼度贼

有一天晚上，残梦禅师正在方丈室读经，突然听到墙壁上有声响，猜想可能有小偷，于是吩咐侍者说："你拿一些钱给那位凿墙的朋友。"

侍者走到邻室大声说："喂！不要把墙壁弄坏，给你一些钱就是了。"

小偷一听，吓得立刻落荒而逃。

残梦禅师不禁责备侍者："你怎么可以大声吼叫？一定是你声音太大，把他吓着了，可怜钱也没拿就跑掉，这么冷的天气，可能还没吃晚饭，你赶快追上去把钱拿给他。"

侍者没办法，只得奉师命，在寒冷的深夜里，到处寻找不知躲在哪个角落里的小偷。

另外，又有一位叫安养禅尼的，半夜里遭小偷行窃，把他唯一的棉被偷走了，安养禅尼只好拿纸张盖在身上取暖。

不久，小偷就被负责巡寮的弟子给撞见了，小偷吓得将偷到手的棉被丢在地上，仓皇而逃，徒弟们赶紧将棉被送回师父的房间。一进门，只见安养禅尼身上盖着一堆纸，缩着身子直发抖。

安养禅尼看到棉被又送了回来，就数落弟子："哎呀！这条棉被不是被小偷偷走了吗？怎么你们又把它送回来呢？既然是小偷偷去了，那就是他的东西。赶快！拿去还给他。"

弟子无奈，在师父的催促下，费了九牛二虎之力，才把逃了很远的小偷找到，表明师父的意思，坚持将棉被还给小偷。小偷感动之余，又回到寺里向安养禅尼忏悔，并皈依佛教，从此改邪归正了。

养心法语 ————————

残梦禅师和安养禅尼推己及人的慈悲和爱心，岂是一般人可比？其实真正有禅悟的人，像佛陀割肉喂鹰，舍身喂虎，大仁大勇，大智大行，无缘大慈，同体大悲，这都是从禅体悟的过来人。

我们参禅学道，不仅要体会无住的般若智慧，更要实践佛陀大慈大悲、大智大行的佛法，那才是真正的禅。

随他去

　　有一位美丽的姑娘，决心要参禅悟道，她向一位老禅师请教："禅师，我要怎样参禅才能悟道呢？"

　　禅师看看她，心想："这么一位漂亮的女孩，尘世的羁绊、社会的诱惑及纷扰一定很多，如何能参禅悟道呢？"因此，禅师就告诉她一句口诀："随他去，不管他！"这一句"随他去，不管他！"无非要这位姑娘停止心外的纷扰，静下心来，统一思想，集中意志，看看她能不能明心见性，证悟佛法。

　　这位姑娘不负老禅师的指导，紧记口诀，努力地参究。

　　有一天，有人告诉她，男朋友来找她。

　　她回答："随他去，不管他！"

　　不久，国外的大学寄来入学通知，她看也不看，就说："随他去，不管他！"

后来，她母亲打电话来说："你为了想到国外留学，所买的奖券中特奖了！"她还是一句："随他去，不管他！"

经过好多次的"随他去，不管他！"她终于冲破一道又一道的难关。

某天，她参禅打坐的时候，无意中看到童年时和老祖母的合照，发黄的相片中，那个天真可爱的小女孩正是她自己。她心想，再过几十年，自己不是和老祖母一样，要埋骨黄泉了吗？

由于这一个"无常"的提起，使她冲破了最后一关，也就是"生死的关卡"。对她来说，生死不再是那么可怕的事，透过无常的生死，她悟到不生不灭的究竟涅槃。

养心法语 ————————

这位美丽姑娘的一悟，比起世间虚妄的爱情、金钱、名位，其价值不知高出多少倍。禅在生命里有无限的宝贵、无限的价值，有幸的人应该得禅。

166

清·龙树菩萨像（北京雍和宫藏）

人生最大的福报，莫如无病康健；
处世最大的乐事，莫如无事免难。

珍惜宝香

宝志禅师是南朝梁武帝的师父，《梁皇忏》就是他为梁武帝所修订的。他有一位同参叫宝香禅师，在四川弘法，多年来，宝香禅师力劝地方民众不要杀生祭祀，但都不见成效。

一日，四川的信者到南京拜见宝志禅师。宝志禅师是一位具有神异能力的高僧，见他从四川来，就想了解宝香禅师的弘法情况，便问道："四川那里的'香'贵不贵？"

居士回答："不贵，不贵。"

宝志禅师就说："既不贵，更要珍惜'宝香'啊！"

居士回四川后，将自己与宝志公禅师的对话告诉宝香禅师，宝香禅师听了，了解宝志禅师要他珍惜生命，从此对于救度众生，更是增加了坚定的愿心。

地方上一年一度的祭祀节日又到了，这次他并不加以劝阻，决定以另外的方法，来改变信徒这种杀生祭祀的陋习信仰。他预先在寺院门口挖了一口池塘，储满了净水，便前往参加迎神赛会。

只见街头巷尾，处处设坛，热闹不已。拜祭过后，家家皆设宴庆祝，宝香禅师在会中跟着大众吃鱼啖肉，鸡鸭不忌，信徒见了很惊讶，因为宝香禅师平常都劝人戒杀护生，怎么今日竟然也跟着大家同乐。

众人大快朵颐之后，宝香禅师邀约民众随他到寺院参观。到了池塘前，禅师把刚才吃到肚里的鸡鸭鱼虾，都吐到池塘水面。说也奇怪，这许多鸡鸭鱼虾，吐出来之后，鱼虾就在水中优游嬉戏，鸡鸭也在池边拍翅游走。群众看了惊奇万分，因为这种神变可以说见所未见。

宝香禅师全数吐完之后，大喝一声："将此一命，上供诸佛，下供一切众生。"说完即刻立化。

养心法语 ————————

过去佛门的高僧，有在义理讲说上专长，有在禅

168

净领众焚修上专长，也有的以建寺环保见长，但也有的在神异上表现。

宝志禅师是一个有神通的高僧，和他同门的宝香禅师同样具有这种能力，但是古德不会轻易示现，也不会以神异惑众。

像宝香禅师最后以自己的生命来换取民众对生灵的爱惜，教育民众不可有残杀生灵以为自己祈福的这种邪见。所以在他立化之后，四川地区就不再有杀生祭祀了，这正是以游戏神通来示现慈悲的真义。

原来只如此

云峨行喜禅师是清代临济宗的僧人，为林野通奇禅师之法嗣，后来在河南风穴寺大弘禅法，接引了不少学僧。

一日晚参时，行喜禅师拈举了一则公案："曾有学僧问唐末五代的云门文偃禅师说：'学人一念不起的时候，还有什么要斩断的妄想执著吗？'云门禅师回答得很干脆：'须弥山！'"

行喜禅师环视大众，又开口说："你们说说看，云门禅师的意旨是什么？"

甲僧以一个"险"字来回答，意思是说像须弥山一样险峻。

乙僧说："如如不动。"

丙僧回答道："顶天立地。"

晚参结束后，行喜禅师命人鸣锣集众，等大众就绪了，命此三位学僧依序到上位去，云峨行喜禅师便展开大具，向这三位学僧礼拜。三位学僧见状，惊恐万分，仓皇回避到一旁。

行喜禅师见了三人狼狈的模样，哈哈大笑，说："刚刚不是一个说如山险峻，一个说顶天立地，一个说如如不动吗？原来只如此呀！"说完，禅师就转身往方丈室走去了。

又有一次，有三位学僧挂单后，搭衣到法堂向和尚礼谢顶礼，行喜禅师问："你们是身进堂呢？还是心进堂呢？"三位学僧都讲不出话来。

行喜禅师立即正色厉声训斥："你们的主人公也不带来，怎么到我这里学习呢？"

养心法语 ————

　　禅师教导学生，必定自己要有一手。有一些青年禅僧就像是"鹦鹉学禅"，以几句滑头的话，随意到处乱道，假如禅师的功力不足，又如何领众呢？行喜禅师的言行看似有些造作，但是教学的时候，方便应用也是一种大智慧啊！

以佛法调整生命

兜率戒禅师，俗姓娄，台州临海（浙江）人，是宋朝时候的僧人。

有一天傍晚，兜率戒禅师关门的时候，看到寺外站了一个老人，老人一看到禅师，忽然就地用力叩头，还叩到皮破血流，把门前的黄土都给染红了。

原来，这个老人时常出现在兜率寺，每回只要兜率戒禅师说法，这个脸色沉重的老人总会前来，安静肃穆地闻法。

"老人家，您有什么困难吗？"兜率戒禅师赶紧扶起老人，一边关心地询问着。

"我是灵江里的旁生，由于受到不闻正法的业力牵引，因而堕落到畜生道。我的心中充满忧乱，痛苦熬煎，难以平静。现今，有幸遇到禅师在此度化迷情，恳求禅师为我安心，度我解脱此身的躯壳。"老人随即躬身作礼，说："禅师，请问如何才能解脱？"

兜率戒禅师立即反问老人："谁缚了你？"

"没人缚我。"老人回答。

"既然没人缚你，还求什么解脱？你回去反观自照，息下心念，倾听自己内在的声音，只要本有的光明佛性朗朗现前，心中的重重迷惑自然就会消亡。"

兜率戒禅师的一席话，让老人深锁的眉头舒坦开来，心地一片清明，他向兜率戒禅师拜谢而去，禅师看到老人恢复了龙身，消失于西山顶上。

养心法语 ———

旁生，在佛教里称为"畜生道"，好比乡下有猪马牛羊，山里有狮狼虎豹，林间有飞禽野鸟，海中有鱼虾龟鳖，这些都统称为"旁生"。在中国的传说里，旁生修练到一定的年限之后，就能够化为人形，具有人性。

像这位由龙身变化而成的老人，深深慨叹自己身为旁生的苦恼，只能恳求禅师助他求取解脱，希望能脱离此身烦恼之苦，甚至是来生轮回之苦。

　　而我们人类有智慧、有能力、有条件来改变自己，那么，何不当下以佛法自我调整生命呢？

马祖会来吗?

洞山良价禅师年轻时第一次出外云游参学,首站就去拜访南泉普愿禅师。他到了南泉禅师的寺院,看到寺里正忙着准备隔天的法会布置。原来,隔天就是南泉普愿禅师的老师马祖道一禅师的忌辰日。

过了一会儿,南泉禅师问大家:"明天就是先祖的忌日了,我们这么隆重为他设斋,不知道他会不会来赴斋应供呢?"

弟子们心想:先祖不是已经圆寂了,怎么还有可能来应供呢?但是众人都不敢说,只是面面相觑,默不作声。

这时候,良价禅师从大众中走出来,大声说:"如果有人作伴,马祖大师就会到。"

南泉普愿禅师听了,满意地点点头,赞许说:"这个年轻人虽然还只是初参,却是一块可以雕琢的美玉。"

175

良价禅师紧接着就说："老师，您可别压良为贱喔！"

养心法语 ————————

洞山良价这位青年初参，说对了一句话，因而让南泉普愿禅师相当欣赏。因为设斋铺宴，南泉普愿禅师当然不希望只是供养一个人，甚至还要上供十方诸佛，下与一切众生结缘，这也都是祭拜的意义。

洞山良价说"有伴就会来"，说对了南泉普愿禅师的心意。南泉普愿禅师赞美良价是一块良玉，可是良价却答道"您不要压良为贱"，这并不是不识好歹，而是表示他还要超越。只做一块良玉就足够了吗？难道不能做金银钻石吗？难道不能成佛作祖吗？所以，洞山良价禅师对南泉普愿禅师说"你可不要压良为贱"，这就表示他志性高远，还会更上一层楼。

试塔坐化

唐朝时，中宗第二个儿子谯王李重福，礼拜湖北的随州神慥禅师做老师。

神慥禅师年登高寿，体弱多病，虽然已看破生死，却放心不下圆寂后遗体将放置何处，对所谓的臭皮囊肉身，还是无法放下。出家的弟子们觉得师父拖泥带水，但是在家的皈依弟子谯王李重福对他相当敬重，为神慥禅师造立一座七十余尺高的宝塔，开始为禅师准备后事。

塔成之后，谯王李重福前来探视神慥禅师，并问他说："禅师圆寂后，由何人继承您的法席呢？"

神慥禅师说："我的弟子随州正寿禅师可以继承。"

谯王李重福不认识随州正寿禅师，便问神慥禅师："正寿禅师是什么样的人？"

神恺禅师说："正寿是老僧弟子中有修有证者。他为人正派，契悟佛法，平日韬光养晦，陆沉在大众之中，不好与人计较。今日就介绍给您认识。"

谯王李重福对正寿禅师生起尊敬心，于是请人将禅师找来，两人交谈甚契。谯王对正寿禅师说："老禅师的宝塔虽已完成，但不知合不合用，先请禅师您进去宝塔内试坐一番，看看适合否？"

正寿禅师领命，整一整衣服后，便合掌入塔，然后闭目结跏趺坐。

由于正寿禅师在塔内久久端坐未出，寺中大众觉得奇怪，前往查看，没想到，正寿禅师竟然已坐化多时，从此"试塔和尚"的称号不胫而走。

养心法语

修道人最重要的是"放下"，对于生前的万缘能放下，示寂后的一切还有什么不能放下呢？神恺禅师拖泥带水，人情难免，他最挂念的身后事，到最后还是不得如愿。正寿禅师为人不计较，可是因缘到时，一切又顺乎自然。皇子造塔，请他试坐，他一试而去，这也非常正当。可惜的是，老禅师的希望都落空了。

所以，该来的，就会来；不该来的，也不会来；何必斤斤计较于身外诸事呢？

抖擞精神透关去

宋朝的昭觉道祖禅师，是临济宗杨岐派圆悟克勤禅师的弟子，他第一次参拜圆悟克勤禅师时，就因为一句"即心是佛"，除却了心中的葛藤而有所领悟。后来，圆悟克勤禅师还命昭觉道祖禅师登座说法。

昭觉道祖禅师平常在众中语言很少，只是勤劳作务。但大家知道他的密行很高，常常邀请他开示禅法，然而昭觉道祖禅师总是说："我哪有禅法开示？"

有一天，大家正在作务的时候，昭觉道祖禅师忽然对大家说："你们不是要我开示禅法吗？我现在就来开示禅法。"

一众人等就放下手中的器具，聚神聆听禅师将开示什么禅法。

昭觉道祖禅师不慌不忙地问大家："当生死来时，你们应该要如何安置？"

在场二十多个僧众，面面相觑，不知如何回答。一说到生死，每一个人都很茫然。

昭觉道祖禅师说："你们既然无法安置，那我自己就安置来给你们看吧！"

说完，他将手里的拂尘一丢，即刻盘腿示寂了。

众人一见大惊，不相信眼前的昭觉道祖禅师竟已圆寂，慌得手足无措，赶紧去报告圆悟克勤禅师。

圆悟克勤禅师前来一看，大叫一声："道祖首座！"

昭觉道祖禅师忽然微微睁开眼睛，看了看圆悟克勤禅师。

圆悟克勤禅师悠然一笑，神色俨然地说："抖擞精神，透关去！"

昭觉道祖禅师点了点头，双手合十，说声"谢谢！"便不再言语，这一回真的示寂坐化了。

养心法语

禅门有修行的禅者，对生死有的预知时至，有的来去自由。像船子和尚吹箫覆舟而逝，普化禅师游化四城门后示寂，飞锡禅师倒立而亡，正寿禅师试塔坐化等，昭觉道祖禅师不就是此中之人吗？

虔诚礼敬

北宋的宝峰克文禅师，俗姓郑，是陕府阌乡（河南陕县）人。最初随北塔广公出家，二十六岁时受具足戒。最初，他前往黄龙慧南禅师座下参学，因久未契入，便前往香城（陕西朝邑）参礼顺和尚。受到顺和尚的点拨，他才明白黄龙慧南禅师的用意，于是又回到黄龙慧南禅师的门下，并且成为他的法嗣弟子。

黄龙慧南禅师住在积翠庵的时候，病了三个月还不能痊愈，也无法走出方丈室一步。因此，宝峰克文禅师每天夜里至诚礼拜，甚至在头顶上、手臂上燃香祝祷，祈求佛力加持，使老师的身体能早日康复。

黄龙慧南禅师知道了这个事情后，就把宝峰克文叫来跟前斥责一顿，说："生老病死，是我的本分事，你是个参禅的人，怎么也不懂这个道理呢？"

宝峰克文禅师说："禅门丛林里，可以没有我克文，但是不可没有老师您啊！"

黄龙慧南禅师说："佛陀都已经涅槃圆寂了，佛法不是还流传在世间吗？哪里说没有了哪个人，世间就没有佛法了呢？"

宝峰克文禅师于此话下，廓然大悟。

养心法语 ————————————

宝峰克文禅师为人憨厚，敬师尊道，所以对老师一片诚心，视师如佛。因此，自己也心甘情愿，以燃香发愿祈求老师长寿，仅此一片孝心，就可入道了。

黄龙慧南禅师也不辜负他，告诉他说，人生在悟道里面没有生死，就如佛陀如来，没有来去。既然来此学禅，还不能超越世间这许多的常情常理吗？

寻找自心

青年学僧告诉道虔禅师："您是学生真正的老师。"

道虔禅师说："我可不敢当你的老师。"

学僧似懂非懂地说："那我要找谁做老师呢？"

道虔禅师回答道："须弥山上还要再加一座须弥山吗？"

这个学僧不明白，于是低头思量。

道虔禅师说："不必沉思，我们不是讨论学问，那就作罢吧！"

青年学僧知道自己不足，好久都不敢去亲近道虔禅师。

有一天，在大雄宝殿前与道虔禅师迎面相遇，青年学僧鼓起勇气对道虔禅师说："老师您好。"

道虔禅师回答道："我不好还能在这里吗？"

学僧又说："老师是悟道之人，还要经常外出寻师访道，真令人佩服。"

道虔禅师说："我还没有找到眼睛、眉毛、鼻子呢！"

学僧再问："老师的眼睛、眉毛、鼻子不是长在脸上，为什么还要到其他的地方找呢？"

道虔禅师说："不到其他的地方去找，我心上的眼睛、眉毛、鼻子，终不能放光啊！"

这名学僧一听，终于有悟。

养心法语 ————————————

人，真是奇怪的动物，可以看到天地日月，可以看到世间万象，就是看不到自己的眼睛、眉毛、鼻子。拿一面镜子来，虽然可以看见自己的眼睛、眉毛、鼻子，可是看不到自己的五脏六腑。而现在的 X 光技术，已经可以照出五脏六腑，但是，对自己的真心还是照不出来。

历来许多大德走遍千山万水，就是为了找自己的真心；真心能找到，还怕看不到眼睛、眉毛、鼻子吗？

所以，佛法说要找到自己的真心，才获得佛法的自受用；找到自己的真心，才能知道眼睛、眉毛、鼻子的功用是什么，那才能把问题解决喔！

捉到贼了

宋代的兜率从悦禅师，虔州（今江西赣州）人，十五岁出家，十六岁受具足戒，是临济黄龙派下的学僧，得法于宝峰克文禅师。由于他世间法及出世间法都通达，又能文善诗，领众有方，因此得到十方大众的崇敬。

当时，担任宋徽宗宰相的张商英，喜好禅道，经常参礼诸方大德。他久闻兜率从悦禅师写得一手好文章，特地登门拜访。他一见到从悦禅师，便说："久仰禅师博通内外，善写文章，不知今日是否有幸拜读您的大作？"

从悦禅师挥挥手笑说："大德，您看走眼了，老衲是临济宗门人，依祖师禅法来开悟身心都来不及了，怎么会堕落到文字的窠臼里呢？如果今天要和您谈诗论文，就像您要和我谈禅论道，那是空言无益，对不起您专程到这里走一遭了。"

张商英似懂非懂，又继续问："最近我看禅宗语录，对前人的机锋禅语非常向往，只是对'香严独脚'、'德山托钵'这类的话头，感到疑惑重重。"

兜率从悦禅师说："文字上的话头，岂能让人进入禅法境界？我问您，您是有生命的人，还是没有生命的人？"

张商英坦率回答："有。"

从悦禅师哈哈一笑，转身就走进方丈室。

当晚，张商英一夜辗转，久久无法入眠。一直到次日清晨，当他要下床时，不小心踢翻尿壶，他顿然省悟，直奔方丈室叩门，大喊："捉到贼了！"门内传出兜率从悦禅师的声音："贼在哪里？"张商英无言以对。

隔天，张商英呈上一首偈语给从悦禅师，禅师点头印可说："参禅只为命根不断，依语生解。"张商英至此悟境又更进一步了。

贼是谁？原来是自己。由于贼都在暗中下手，由于贼都是恐怖惊慌，所以都很匆忙，张商英自己踢翻了自己的尿壶，不就像不懂事的小贼吗？所谓"捉山中之贼易，擒心中之贼难"，张商英忽然踢翻的，不是尿壶，而是踢翻了心中的无明污秽，所以他要赶快向从悦禅师报告说"捉到贼了"，意思是找到自己了。

骑驴不下

　　有一位信众居士，自认为自己听经闻法、修行的功夫已经到达一定的境界，开始沾沾自喜，经常喜欢拿佛法去试探别人。

　　有一天，他骑着一头驴子出门办事，走累了，就在一条南北往来必经的山间小路旁休息。过了一会儿，他看到眼前走来一群禅僧，就开口问道："你们要往哪里去？"

　　其中一位禅僧说："要往道场去。"

　　这位居士立刻抓住禅僧的话，语带讥讽地说："佛经里说，红尘里处处是道场，你们又何必那么辛苦，还要在这样的大热天里东奔西跑呢？"

　　这些禅僧平日机锋应答惯了，听到他的话都感到好笑，于是彼此对望一眼，非常有默契地将他从驴背上拉了下来，故作认真地说："你这个莽汉，快下来，你来到了道场，竟然还骑驴不下，真是大不敬啊！"

这名信众由于平常对人好说机锋，现在忽然给禅僧从驴背上拖下来，便心有不甘地问禅僧说："我下来了，道场在哪里？"

禅僧立刻指着身旁的道友说："这里许多都是佛法僧，还不够你礼拜吗？"

这个信众知道遇到高人了，立刻服输，向前整衣说："诸位师父，弟子顶礼。"此后不再像过去一样傲慢好事了。

养心法语 ————————

禅语机锋是悟道的境界，不是靠聪明灵巧就能会的。有时候，禅师说的话，我们听了觉得完全彼此无关，但是他们能够心心相应。这不是学了几句禅话，就能随便说的，那叫"鹦鹉禅"、"拾人牙慧"。禅者，有时候在山林水边就可以做道场，有时候一个山洞也能当作三千大千世界；但有时候，你虽在深山丛林里，他也认为你在万丈红尘，因此，主要的不是在地方，而是心境。所谓"心净国土净"，道场是在世间上，但是道场也是在心里喔！

向五蕴山去

唐代的长庆大安禅师，福建福州人，别号"懒安"。他幼年入道，唐宪宗元和十二年的时候，在建州浦城县凤栖寺受具足戒。学习律法一段时间后，感到受用不大，自念："我虽勤苦，但对于佛法法义还是无法契入。"于是云水行脚，寻师访道。后来前往江西洪州百丈山参礼百丈怀海禅师，成为法嗣弟子。之后，又去参礼湖南的沩山灵祐禅师。唐宣宗大中五年，受寺众推举，继任沩山第二任住持，晚年回到福州担任长庆寺住持。

有一天，一位禅僧前来探问道："黄巢到处杀人，如何躲藏呢？"

大安禅师悠悠地说："就躲藏到五蕴山去。"

禅僧问："五蕴山安全吗？"

大安禅师哈哈一笑，说："五蕴山不安全，那就再找安全的地方吧！"

禅僧不解，追问道："老师，你说一句，哪里最安全？"

大安禅师回答道："黄巢也不安全，还有哪里安全呢？"

僧人当下豁然省悟，就地礼拜而去。

养心法语 ————————————————

三界无安，犹如火宅；娑婆苦海，随时都有沉没的可能，哪里有安全的地方？五蕴山就是色、受、想、行、识积聚的"我"，把生命藏在五蕴的"我"里，当然不安全。要找安全的地方，"我"可以去找，但哪里是最安全的地方呢？世间没有最安全的地方，甚至于黄巢，自己杀人的人也不安全，因为也会有人杀他啊！所以，世间是苦空无常的，你只有体会苦空无常，去寻找超越了世间生死无常之外的涅槃，那才是一个安全的地方啊！

无姓无名

江西的洞山良价禅师是唐朝时候的僧人，为潭州（湖南）云岩昙晟禅师的法嗣弟子。

当良价禅师还是一名僧青年的时候，曾经到各处去参访行脚。在一个夏暑时节，良价禅师来到了鄂州（今湖北境内）的百岩禅寺，打算在此结夏安居。当时住持百岩禅寺的是百岩明哲禅师，他得法于澧州（今湖南澧县）的药山惟俨禅师。

百岩明哲禅师看到良价禅师前来参问，一开口就问他说："你从哪里来的？"

良价禅师恭敬地回答："学人从湖南来。"

百岩明哲禅师再问："你姓什么？"

良价禅师回答："没有姓。"

百岩明哲禅师再问："名什么？"

良价禅师说："没有名。"

百岩明哲禅师反问："那我怎么称呼你呢？"

良价禅师说："不用称呼。"

百岩明哲禅师一听，大喝说："以'不用称呼'来回我一句吗？什么是'不用称呼'呢？"

良价禅师回答道："无姓无名。"

百岩明哲禅师哈哈一笑，二人终于彼此会心。后来，良价禅师便留在百岩禅寺过夏。

养心法语 ———————————————

　　社会上，一般的人都有姓有名，甚至有很多的人是同姓同名。但就算是姓名相同，人也会有所不同。世间上有很多的相同，也有很多的不同，得如经云："佛说般若波罗蜜，即非般若波罗蜜，是名般若波罗蜜。"此中，正反合的禅意，可能会得吗？

谁是知音？

　　襄州（今湖北襄阳）广德周禅师，承继青原行思法系，是广德延禅师的法嗣弟子。

　　有一天，来了一位年轻的禅僧，他问广德周禅师说："请问老师，如果听到对方谈法论道，自己却不能领会其意时，该怎么办呢？"

　　广德周禅师淡淡地说："法界之中，没有听不到声音的聋子，不然两个耳朵是做什么用的呢？"

　　这位僧人又问道："那么，如何才算是知音的人呢？"

　　广德周禅师没有直接回答禅僧的问题，只是说了一偈："断弦续不得，声声响不停。"意思是，拨断了的琴弦虽然接续不得，可是即使历经数劫，琴声依然清脆响亮。

　　接着，广德周禅师又说："在大海里有波涛的声

智慧可以传授人生，经验可以提携后学，
修行可以开发生命，信仰可以找回本心。

日本狩野元信绘·释迦出山图

音，在山林里有呼呼的风声，哪里没有知音人呢？"

年轻的禅僧一听，顿觉心中与水声、风声等大自然的境界合而为一，当下有悟。

养心法语

人之相知，知音难求，因为琴弦已断，哪里能续？琴声不停，无法插播。大自然通古达今，风声、水声，处处都有，哪里没有知音人呢？

禅是万物一如，自他同体，心和大自然合而为一，法界虚空都在心中，那还不开悟吗？就如广德周禅师所说的，闻海水的声音而知道大海，听山风的声音而知道树木，原来，山河大地都在我心中，这就是真的悟道了。

要了解别人，先要把自己给别人了解，泯灭了你我的对立，不就是知音了吗？

卷四

布施有两种意义，一种是给，一种是受，施与受，是同等功德。

往尿臭气去参

宋朝的兜率从悦禅师前去参访云盖守智禅师的时候，两人对谈不到几句，云盖守智禅师就批评从悦禅师说："看你虽然是长沙道吾山的首座，但是谈吐竟然如醉人一样！"

从悦禅师面红耳赤地回答道："请和尚慈悲，不吝开示。"

守智禅师就问："你曾参访过法昌倚遇禅师吗？"

"学人看过他的语录，已经融会在心，因此没有去参访。"

守智禅师再问："你曾参访过洞山克文禅师吗？"

从悦禅师不屑地回答道："洞山克文吗？终日疯疯癫癫的，拖着一条破布裙，作尿臭气，算不上大德禅者，何必参访他呢？"

守智禅师很郑重地开示从悦道："禅在那里！你

就往尿臭气去参！"

从悦禅师看守智禅师说得很认真，就依他的指示，去参访洞山克文禅师，因而深领奥旨，便回来感谢守智禅师。

守智禅师见到从悦禅师前来，就问："你去参访克文禅师的心得如何？"

从悦禅师诚恳恭敬地禀告："若不得禅师您指示我，要参访洞山克文禅师，那我此生就蹉跎了，故特来礼谢！"

守智禅师说："礼谢什么？礼谢尿臭气好了。"

养心法语 ————————————

守智禅师把尿臭气与佛法禅道都统一了，你认为是颠倒的，他都一如了，所以禅本来就是平常心、无分别心。

以貌取人，这是人间的通病；以穿着取人，更是常见的事例。我们有时候看到他人衣着穿得很好，就以为他很富有、很有学问；见人穿得不好，就认定这个人不好。其实，禅在哪里？禅不一定在庄严相好的上面，不一定在美好穿着的上面，"一条破布裙，作尿臭气"，这是慧眼才看得到的禅境。莲花出于污泥，金玉藏于土石，禅也遍于一切，尿臭气也有禅道啊！

佛堂无佛

陕西的汾州无业禅师，初参马祖道一禅师时，由于相貌魁伟，声如洪钟，马祖当下就取笑他说："巍巍佛堂，其中无佛！"

无业禅师随即作礼，恭敬地说："三乘文学，自信粗穷其旨，但禅门即心是佛，实未能明了。"

马祖见他来意真诚，就开示说："只未了底心即是，更无别物；不了时，即是迷，了即是悟；迷即众生，悟即是佛。"

无业："心佛众生外，更有佛法否？"

马祖："心佛众生，三无差别，岂别有佛法？如手作拳，拳空如手。"

无业："如何是祖师西来意？"

马祖："祖师今何在，你且下去吧，以后再来！"

无业禅师不得已，就告辞出门，正当要跨出门槛的时候，马祖大叫一声"大德"，无业禅师连忙回头。

马祖就问："是什么？"

无业禅师当即跪下礼拜，哭着说："本谓佛道长远，今日始知，法身实相，本自具足。"

马祖这时终于赞美他说："这个钝汉悟了！"

养心法语

说起修行，要多少时间才能完成佛道？说远，须三大阿僧祇劫；说近，当下即是。如大觉怀琏禅师云："古佛堂中，曾无异说；流通句内，诚有多谈。"吾人心外求法，忘失自己，才劳动诸佛祖师，千说万说才知回头。马祖的一声，无业的回首，本来面目，当下认识。"鱼在水中休觅水，日行山岭莫寻山。"你说无业是钝汉，可是只要禅心一悟，就能明白自己了。

佛的烦恼

有一位信徒问赵州从谂禅师说："佛陀有没有烦恼？"

赵州禅师回答："有！"

"佛陀是我们的教主，是解脱的人，怎么会有烦恼呢？"

"因为你还没有得度，所以佛陀就烦恼！"赵州禅师回答。

"假如我修行得度，佛陀有没有烦恼呢？"

赵州禅师回答："有！"

信徒再问："我既然已经得度了，佛陀为什么还有烦恼呢？"

"因为还有一切众生！"

"众生无量无边，当然无法度尽，那么，佛陀就永远在烦恼，那还有办法超越吗？"信徒说。

"已经超越了，佛陀已经没有烦恼了！"

"你说佛陀已经无烦恼，可是众生既然没有度尽，佛陀为什么又不烦恼呢？"

"佛陀自性当中的众生都已经度尽了！"

另一位信徒问赵州禅师："像您这样大修行的人，将来百年之后会到哪里去呢？"

"老实告诉你，到地狱去！"赵州禅师回答。

"像老师您这样有修行的人，怎么会下地狱呢？"信徒非常不能理解。

"假如我不下地狱，将来谁来度你呢？"

养心法语

由此可知，所谓凡夫众生的烦恼，是从无明妄想生起的；佛陀有烦恼，是从慈悲上生起的，佛陀无烦恼，也是从般若上说的。佛陀有烦恼、赵州禅师下地狱，是悲悯众生的苦难而起的；菩萨的烦恼是慈悲的烦恼，凡夫的烦恼是从烦恼上生，从业障中生。

烦恼不必怕——"不怕念头起，只怕觉照迟！"你能有觉照，就是有慈悲、有般若，烦恼又何惧焉？

只偷一次

福源石屋禅师外出云游时，在路上遇到一位陌生人，彼此非常投缘，一番畅谈之后，天色已晚，两人于是就近投宿旅店。

半夜里，石屋禅师听到房内有声音，就问对方："天亮了吗？"对方回答："没有！现在还是半夜。"

石屋禅师心想，这个人能在漆黑的深夜中到处摸索，可能是个相当高明的人，于是注意倾听对方的动静，发现他已慢慢摸到自己的身边，石屋禅师就一把抓住他问道："你到底是谁？"

这个人眼看瞒不住了，就说："对不起，我是小偷！"

"原来是个小偷，你前后一共偷过几次？"

"我做小偷好多年了，偷的次数都数不清了！"

"你每次偷过以后，快乐能维持多久？"

"那要看偷的东西价值如何，最多能维持八天，过后还是不快乐。"

"原来你只是个鼠贼、小小偷，为什么不大大地偷一次呢？"

小偷心想，难道石屋禅师也有偷窃的经验吗？忍不住就问：

"禅师，你也偷过人家的东西吗？你偷过几次？"

石屋禅师答："只有一次！"

小偷怀疑地看着石屋禅师说："你只偷过一次，难道就够了吗？"

石屋禅师说："我只偷一次就毕生享用不尽了。"

"能不能把你只偷一次的方法教我？"

石屋禅师猛然抓住小偷的胸部，指着他的心说："就是这个，你懂吗？无穷的宝藏就在这里！你能将一生奉献在此事业上，就毕生受用不尽。"

小偷回答："好像懂，又好像不懂！"

石屋禅师继续开示，小偷听了很感动，便皈依石屋禅师，做了一位禅者。

养心法语 ────────────────────

　　人为什么总是喜欢贪取有限的身外之财，而忘记自己心中拥有的宝藏呢？我们内心的宝藏，比石油能源更丰富。心能使我们成圣成贤，心能让我们成佛作祖，出离生死火宅，为什么不去发掘这取之不尽、用之不竭的心中宝藏呢？

善恶一心

有一天，四祖道信禅师到牛头山访问法融禅师，看到法融禅师旁若无人地端坐参禅，也不举目看他一眼，道信禅师只好走向前问："你在这里做什么？"

法融禅师听到有人问话，勉强回答："观心。"

道信禅师问："观是何人？心是何物？"

法融禅师答不出来，便起座向道信禅师顶礼，并礼貌地问："大德高栖何所？"

道信禅师回说："贫道不决所止，或东或西。"

"那么您认识当代禅宗四祖道信禅师吗？"

"你问他做什么？"

法融禅师解释自己对四祖向往已久，希望有一天可以见面请益。

"我就是道信。"法融禅师一听，就第二次作礼，又问："请问您为何来此？"

道信禅师回说："我是特意来访，请问你晚上在哪里歇息？"

法融禅师说："东边有一座小庵。"

法融带领四祖道信前往，道信看到茅庵四周有许多虎豹的脚印，便举起两手做恐怖状。

法融禅师说："你还有这个在吗？"意思是：你还有恐惧之心吗？

道信禅师反问："你刚才看见了什么？"

法融又无法回答，便请道信禅师坐下来。在法融禅师入内端茶时，道信在他对面的座位上写了一个"佛"字。法融禅师回来，忽然看见座位上多了一个"佛"字，悚然一惊，迟疑着不敢坐下来，怕大不敬。

四祖道信禅师见状，也笑着说："你还有这个在吗？"法融禅师茫然不知所对。

养心法语 ————————————

任何一个禅者，生死勘不破，就有恐怖；荣辱勘不破，就有得失；贵贱勘不破，就有分别；生佛勘不破，就有颠倒。四祖道信禅师和法融禅师的悟境不同，就是因为对无为法的体证而有所差别。

说过谢谢了

　　一天晚上，有人拿着一把利刃，悄悄地潜入七里禅师的寺院里，看到七里禅师正在诵经，于是恐吓道："赶快把钱拿出来，否则我一刀结束你的性命！"

　　七里禅师头也不抬，镇定自若地答道："我正在诵经，你不要打扰，钱在那边的抽屉，你自己去拿吧。"

　　强盗就打开抽屉，把钱搜刮一空后，正想转身离开，七里禅师忽然说："钱不要全部拿走，留一点给我明天买花果供佛用。"

　　强盗听了就放一点钱回抽屉，然后准备离去，此时禅师又说："收了人家的钱，不说声谢谢就走了吗？"强盗也很听话，说了一句"谢谢"后，就飞快离去。

　　不久，这个强盗因为其他案子被官府逮捕，强盗招供他曾经抢过七里禅师的钱，于是官差带着这个强盗来到七里禅师的寺院，请禅师指认。但是七里禅师却说："这个人不是盗贼，他没有抢我的钱，因为钱是我给他的，他也向我说过谢谢了。"

盗贼因为有七里禅师替他作证，就减少了刑责。服刑期满后，特地来皈依七里禅师，成为禅师门下杰出的弟子。

养心法语 ————

禅的教育是非常活用的，禅有自悟性，禅更有度化力。禅可以帮我们找到自己，禅也能帮助别人回头是岸。所以一个真正的禅师，不是光做一个自了汉自修自悟，他也要有大慈悲、大方便、大智慧，不但用禅来引导自己，而且也用禅引导他人走上解脱之道。

拂尘说法

洞山良价禅师在沩山灵祐禅师处参学时，曾请教沩山禅师："老师，南阳慧忠国师常说的'无情说法'我不明白。有情说法，这是公认的，可是无情怎么会说法呢？"

沩山禅师竖起拂尘说："这个你明白吗？"

良价禅师诚实地回答："不明白，请老师慈悲指示！"

沩山禅师："我这张父母所生的嘴，断然不会告诉你个中秘密。"

良价禅师不明所以："佛法也有秘密吗？"

沩山禅师再把拂尘竖起说："这就是秘密！"

良价禅师："老师若不肯告诉我此中的秘密，我可以去请教老师的同参道友吗？"

沩山禅师："好吧！澧陵攸县有一位云岩道人，

他曾在我这里参禅，你可以向他请教，或许他会告诉你。"

　　良价禅师再问："他过去在这里向您参学些什么？"

　　"他问我，要怎样才能断除烦恼？禅要在什么地方下手，断烦恼才有效？"

　　"您怎样回答他呢？"

　　"我告诉他，你要顺应老师的心意才行。"

　　"他有没有顺从您的心意呢？"

　　"他非常顺从我的心意，他懂得无情怎样说法。你看，拂尘在说法了！"

　　良价禅师终于言下大悟。

养心法语 ————————————————

　　有人看到拂尘竖起，悟出人格的尊严；有人看到拂尘垂下，明白一切应从基础做起。"无情说法，有情点头"，正如看到花开，生起繁荣茂盛之思；看到花落，顿然生起无常苦空之感。

　　法是真理，真理哪能说得清楚呢？说了，真理未增一分；不说，真理亦未减少分毫。即使你说得天花乱坠，于真理又有何干？所以《金刚经》云："知我说法，如筏喻者，法尚应舍，何况非法？"

风姿道貌

　　有一天，洞山良价禅师向云岩昙晟禅师辞行，准备往他处去。临行前，良价禅师忽然向云岩昙晟禅师请示说："老师，您老人家百年以后，如果有人忽然向我问起，老师您的风姿道貌如何，请问我应该怎么回答才好呢？"

　　云岩昙晟禅师沉默良久才说："只这是！"

　　听到云岩昙晟禅师这样的回答，良价禅师只是沉吟不语，难以领悟师意。

　　云岩昙晟禅师于是又对良价禅师说："你要承担啊！务须审慎仔细。"

　　良价禅师不解云岩昙晟禅师为何如此提示他，用意到底在哪？有一次，良价禅师在过河时，看见水中自己的倒影，这才豁然醒悟云岩昙晟禅师的话，当下便作了一首诗偈：

切忌从他觅，迢迢与我疏；

我今独自往，处处得逢渠。

渠今正是我，我今不是渠；

应须恁么会，方得契如如。

养心法语 ——————————————————

　　云岩昙晟禅师的风姿道貌，他的禅法精神究竟是如何？既不在无量阿僧祇劫以后，也不在什么三千大千世界之内，既不在那时，也不在别处，而是当下自己能直下承担，自我肯定，这便是继承了他的禅法。

　　一个修行者百年后，他的风姿道貌，假如是可以形容，可以说明的话，这一定是假相假貌了。一个修道者的风姿道貌，不从他觅，不假形相；不在别处，不在那时，所以超越一切时空，因为法身是无相的，等如虚空。

　　那虚空又是什么样子的？答案是没有样子！虚空无相，无所不相。若想要知道云岩昙晟禅师或任何一位圣贤的道貌，只有离相，才能够真正认识啊！

活水龙

梁山缘观禅师是宋朝人，住在湖南梁山，付法于大阳警玄禅师，付法时曾有一首诗偈：

> 梁山一曲歌，格外人难和。
> 十载访知音，未尝逢一个。

有一天一位学僧向他请示："知音难逢，是人生憾事，但家贼难防更是困扰。请问该如何提防家贼？"

缘观禅师答："认识他、了解他、变化他、运用他，何必防他？"

学僧又问："家兵家将容易使用，家贼如何用他？"

缘观禅师答道："请他住在无生国里。"

学僧进一步问道："难道说连安身立命之处也无吗？"

缘观禅师道："死水不藏龙。"

学僧问："那么，什么是活水龙？"

缘观禅师道："兴云不吐雾。"

学僧不放松，再问："忽遇兴云致雨时如何？"

缘观禅师下禅床抓住学僧说："莫教湿却老僧的袈裟！"并以偈开示道：

赫日犹亏半，乌沉未得圆，

若会个中意，牛头尾上安。

养心法语

明朝的王阳明先生也是个禅门高手，他曾说："防山中之贼易，防心中之贼难。""心如国王能行令，心如冤家实难防。"当吾人真正的禅心未找到时，无名的妄心，确实不易预防。但是缘观禅师说得好，识他、解他、化他、用他，不必防他。正如国家边防之患难除，而诸葛孔明七擒七纵孟获，就是用"化他"之法，才能永绝后患。

　　心，住在哪里才好？住在无生国里，就是无住生心，以无住而住。心不能安住在五蕴之身或六尘之境上，因为死水里不能藏龙。假如真龙兴云致雨，也要干净利落，不可拖泥带水，不可湿却老僧的袈裟。

　　"日有升沉，月有圆缺"，要紧的是从生灭中会意，安住在不生不灭的真心上，我们的心里就能天下太平，家贼也就变成助使我们真正自主的英雄好汉了。

不得见

曹山本寂禅师初参洞山良价禅师时，良价禅师问道："你从什么地方来？"

"西院来。"

"阇黎名什么？"（意思是大德你叫什么名字？）

曹山禅师回答："某某。"

良价禅师大声说："说清楚一点。"

曹山禅师也大声回答："不说！"

良价禅师问："为什么不说？"

曹山禅师回答："因为我不名某某。"

良价禅师听了，很满意地称许，就接受曹山禅师在座下参学，也时常在个人禅室中指示他的法要。

有一天，曹山禅师向良价禅师辞行，良价禅师问道："你要到哪里去呢？"

"我要到不变易处去。"

"不变易处岂有去也？"

"不去亦不变易。"

曹山禅师受法后，参学于江湖。后来，众请住于抚州吉水山，改名为曹山，法席很盛，僧徒不下一千二百人。南平钟陵王听闻他的盛名道誉，曾派专使三请，禅师都不肯答应。南平钟陵王大怒，对专使说："如果再请不到曹山大师来见我，你就不必回来了！"

专使无奈，苦苦哀求曹山禅师："禅师，您若不赴王旨，弟子举家性命不保。"

曹山禅师听后就说："专使不必忧虑，我以大梅法常禅师的一首偈子面呈大王，必保你无事。偈云：

　　摧残枯木倚寒林，几度逢春不变心；
　　樵客见之犹不顾，郢人何得苦追寻？"

南平钟陵王看过此偈后，遥望吉水山顶礼说："弟子今生绝不再妄求一见曹山大师。"

养心法语 ————————————————————

　　有的人唯恐他人不知，急于廉价出售；有的人唯怕人知，隐藏陆沉。曹山本寂禅师虽不出山应世，却能影响当道，起恭敬仰慕之心，此亦禅门所谓道风也。

须臾静坐

有一位僧人在桥上禅坐，耳边忽然传来两个小鬼的对话。

甲鬼对乙鬼说："告诉你一个好消息，明天会有人来做我的替死鬼。"

乙鬼说："太好了，那个人长得什么样子呢？"

甲鬼说："就是一个戴着铁帽子的人。"

这个僧人听到了，便决定等候这个人前来。

后来，有一位头顶着铁锅的人，冒着大雨跑到桥下，正准备以河水洗脚，僧人赶紧上前告诉他缘由，即时阻止了意外的发生。

甲鬼见僧人破坏了他的好事，嗔心大起，想要加害于他，僧人立刻就地盘腿一坐，摄念入定。

遍寻不着僧人的两个鬼就说："奇怪！人到哪里去了？这里为什么忽然有一座宝塔呢？"

过了许久，僧人动念："鬼应该离开了吧！"于是就出定看看，结果马上听到小鬼叫着说："唉呀！原来人在这里！"

僧人赶紧摄心入定。

这时鬼又说了："咦，怎么又是一座宝塔？人怎么又不见了？"

就这样，经过了三次的入定出定，僧人终于豁然大悟。

僧人由于受到两个小鬼的生死逼迫，而成就了道业，所以人称"鬼逼禅师"。

养心法语 ——————————

古德有云："若人静坐一须臾，胜造恒沙七宝塔；宝塔毕竟化为尘，一念静心成正觉。"可见世间有相的功德做得再多，还不如静坐片刻，让心中暂时息灭贪、嗔、痴之念。所以，即使是造了恒河沙数无量多的宝塔，也不及一念静心修持的功德大。

元人绘·说经图

六道众生，无非过去生中父母亲朋，
故要无缘大慈、同体大悲；
凡愚智圣，皆是未来生中善友眷属，
故应包容异己、尊重自他。

人生活在这个扰攘的世间，每天忙碌不堪，费心伤神，如果能在一天当中，抽空静坐，让纷乱的情绪沉淀，使心灵宁静净化，这是很可贵的。

一宿觉

永嘉玄觉禅师年轻时就学习经论，是一位精通天台止观的秀才居士，后因读《维摩经》而豁然有悟，于是出家参禅。

有一次，他遇到六祖惠能大师的弟子东阳玄策禅师，对他提出忠告："无师自悟是天然外道。"永嘉禅师听了，思惟良久，决定依玄策禅师的建议去参访曹溪六祖大师。

永嘉禅师见到六祖时，既不参拜，也不问话，只是手执锡杖，在六祖的禅床四周绕行三匝，然后站在六祖面前，一动也不动。

六祖问："出家人应具有三千威仪和八万细行，大德从何而来，如此我慢？"

"无常迅速，生死只在刹那，哪有闲工夫顾及礼仪？"

六祖："你既知生死无常，为什么不体认无生，以达无灭的境地呢？若能如此，哪里还有时间快慢的存在呢？"

永嘉："既已体认无生，就没有时间快慢的分别了。"

六祖听了连声称赞，并为其印可。

这时，永嘉禅师便脱笠整衣，向六祖正式礼拜，接着就告辞欲去。

六祖问："为什么急着回去？"

"自性本来就是不动的，并无急与缓、来和去！"

"那么，又有谁知道它是不动的呢？"

永嘉答："自己本身。"

六祖大师听了这话，拍拍永嘉禅师的背，说："那么，你且住一宿再走吧！"

养心法语 ————————

永嘉禅师在六祖大师处住了一宿，印证了心地法门，这便是禅宗史上有名的"一宿觉"公案。当时的永嘉禅师是三十一岁，他四十九岁示寂，留下近两千字的《证道歌》，这不但是禅门参究的宝藏，更成为禅者明心见性的敲门砖。我们从永嘉禅师和六祖会面的经过来看，永嘉禅师是一个非常自负的人，如非遇到六祖，何能有"一宿觉"的佳话美谈？所以永嘉禅师隔天临行前，振锡说："自从认得曹溪路，了知生死不相关。"可见两位禅家的惺惺相惜了。

心悟转经文

有一次，上方遇安禅师在读诵《楞严经》，当读到"知见立知，即无明本；知见无见，斯即涅槃"时，因不懂其中的含义，就将经文重新断句，读成"知见立，知即无明本；知见无，见斯即涅槃"。经过这样一改之后，他反而了悟经文的意义。

有人告诉遇安禅师，这样断句的读法是不对的，也不合乎经文。

遇安禅师胸有成竹地回答："我因为读不懂经文，所以重新断句，这才了解经文的深意而悟道，这辈子我是不会改变这种读法的。"后来，大家都称上方遇安禅师为"安楞严"。

养心法语 ————————————

　　佛陀曾说："虽多诵经，不解何益？解一法句，行可得道。"佛法能开启我们的智慧，有时候一句佛法经义，能与自己相应，不仅终生受用不尽，也能利益他人。但是，一旦固执于自己对经文义理的见闻觉知，反而流于成见、偏见，这样的见解，便成了所知障。

　　另一方面，读经阅藏要超越语言文字的执著，遇安禅师跳脱文字既定的断句，反而契入佛法的深义，彻悟语言文字以外的真理。所以，语言文字只是帮助我们诠释真理的工具，而非真理本身，此即所谓"依义不依语"。

　　心悟转经文，心迷经文转。我们应该着重对经文根本意涵的体悟，如法见解，信受奉行，而非在文字上推敲钻研，在形式上执著计较，这样反而无法契入般若智慧的妙谛，与真理相去渐远。

正字与反字

　　有一位沙弥，满怀疑惑地向无名禅师问道："禅师，您说学佛的人要发菩提心普度众生，但如果是一个坏人，他已经失去做人的条件，那就不是人了，既然不是人，还要度他吗？"

　　无名禅师没有立刻回答，只是拿起笔来，在纸上写了一个"我"字。但字是反写，如同印章上的刻字正反颠倒。

　　禅师写好后，就问沙弥："这是什么？"

　　沙弥答道："这是个字，只是写反了。"

　　无名禅师就问："什么字呢？"

　　沙弥答："一个'我'字。"

　　禅师追问道："写反的'我'字算不算字呢？"

　　沙弥回答道："不算。"

　　禅师说："既然不算，你为什么说它是个'我'字？"

沙弥立刻又改口说道："算！算！"

无名禅师说道："既然算是个字，你为什么又说它反了呢？"

沙弥一下愣住了，不知如何回答。

无名禅师就说道："正写是字，反写也是字，你说它是'我'字，又认得出那是反写，主要是你认得'我'字。相反地，如果你本来就不识字，就算我写反了，你也无法分辨，只怕这时有人告诉你哪个是'我'字以后，你遇到正写的'我'字，倒要说写反了。"

禅师又接着说："同样的道理，好人是人，坏人也是人，最重要的在于你必须认识人的本性。当遇到恶人的时候，仍然一眼便能见到他的善恶，甚至于唤出他的本性，本性既明，便不难度化了。"

养心法语 ————————————

　　善人要度，恶人更要度，愈是污泥，愈可长出清净的莲花。放下屠刀，可以立地成佛。所以，不要认定对方是坏人就不可度，要知道坏也是无常的，只要你能让他开启佛性。所谓回头是岸，善恶正反，其实只在一念之间。"善恶是法，法非善恶"，从本性去看，没有一个人不可度，就看你的禅心如何了。

禅师的家风

　　某天，有一位学僧前来问无德禅师："离开佛教教义，请禅师帮我从心地上来抉择一下。"

　　无德禅师告诉他："如果是那样的人，就可以了。"

　　学僧若有领会，刚要礼拜时，无德禅师又说了："你刚才问得很好。"

　　"我本来想还要再请教禅师的，可是，话到口边不说了。"学僧说。

　　无德禅师也跟着说："今天我就不回答了。"

　　但学僧还是问道："干净到一尘不染时又如何呢？"

　　"我这个地方不留那种客人。"无德禅师很干脆地回答。

　　学僧问："禅师的家风是什么？"

　　无德禅师说："我不告诉你。"

　　学僧听了大为不满，质问道："禅师为什么不告诉我呢？"

无德禅师不客气地说："这就是我的家风！"

学僧很认真地问："禅师您的家风难道没有一句话吗？"

无德禅师说："打坐。"

学僧不禁顶撞了无德禅师一句："街上的乞丐每天不都坐着吗？"

无德禅师于是拿了一块钱给学僧，学僧终于当下省悟。

养心法语 ————————————————

禅超越了语言文字，是在自家心地上用工夫，所以学僧说"离开佛教教义，在心地上抉择"时，禅师说他问得很好。然而自家心地上的事，别人帮不上忙，所以无德禅师不回答学僧后续的问题，最后只勉强答了"打坐"是家风。学僧无法体悟，反讽说乞丐每天坐着不也是打坐。

其实，禅是不能从坐卧之相去计较的。虽然同样都是坐，但乞丐每天心中汲汲于营利，非为解脱生死大事；而参禅修道，是要用心去参的，所以惠能大师才说："道由心悟，岂在坐也？"

当头一棒

日本的江户时代，有一位仙崖义梵禅师，在他的门下有个勤奋好学的弟子叫作湛元，这个弟子想到京都去参学，可是又不敢自己向师父开口。于是，他拜托昙荣和尚前去说情，帮他问问师父仙崖义梵禅师的意思如何。结果，仙崖义梵禅师听了昙荣和尚转达湛元的愿望之后，就点头表示认可了。

湛元禅师知道师父已经首肯了以后，喜不自胜地回到寮房去收拾衣单，准备启程前往京都。等到一切打理就绪之后，他背着衣单，前去向仙崖义梵禅师告假："师父，徒弟准备外出参学去了。"

仙崖义梵禅师只是漫不经心地回了一声："哦！"

湛元禅师恭恭敬敬地向师父行过礼之后，又开口说："请师父慈悲，为弟子开示一句，好吗？"

仙崖义梵禅师二话不说，随手拿起棍子，当头就给了他一棒。湛元禅师忽然间莫名其妙地挨了师父这一棒，一时不知所以然，愣了好一会儿，才告退回去。

一旁的昙荣和尚看了也是大惑不解，不明白仙崖义梵禅师这样做是何道理，便问他说："你不是已经答应让湛元去参学了吗？怎么还打他呢？"

仙崖义梵禅师哈哈一笑，说："我不是反对他去，只是等他学有所成之后，可就是一名学者了，我总不能对着学者挥他一拳吧！"

养心法语

学习是有阶段性的，就算是世间法的学习，也要经过国中、高中、大学、研究所等，学习必定依次第而行。一个国中毕业生，他就只能接受国中生所能承受的事务来担当；而大学毕业，就有大学程度不一样的担当了。

仙崖义梵禅师很清楚地懂得，在基础教育的时候，就让弟子先记得这一棒，会让他达到成功；假如说，等到弟子学成回来之后，再给他一棒，可能就会赶跑了他，那时就是一种失败的教育了。

父母对儿女常常是"爱之深，责之切"，宁可提早给他一棒，免得将来难下这一棒。而师父教育徒弟的用心也是如此，就看弟子自己能不能体会这一棒了。

山神受戒

    唐朝的嵩岳元珪禅师,为伊阙(河南)洛阳人,自幼便出家。唐高宗永淳二年受了具足戒,于嵩岳慧安国师座下得法印心,后来在嵩山下结庐修行。

    有一天,一位衣冠楚楚、举步安详的奇特人物,率领随从来到草庐前面,扣门说要拜见禅师。

    元珪禅师看到这个人相貌奇伟,便问他:"仁者,为何而来?"

    这位客人回答道:"禅师,您知道我是谁吗?"

    元珪禅师说:"我观佛与众生平等,都一视同仁,怎么知道您是谁呢?"

    客人说:"我是这里的山神,能够掌握人间的吉凶生死,禅师您看得出来吗?"

    元珪禅师回答道:"我虽在世间,但已了生脱死。既已了生,何有老死?你能知世间人的生死?又怎

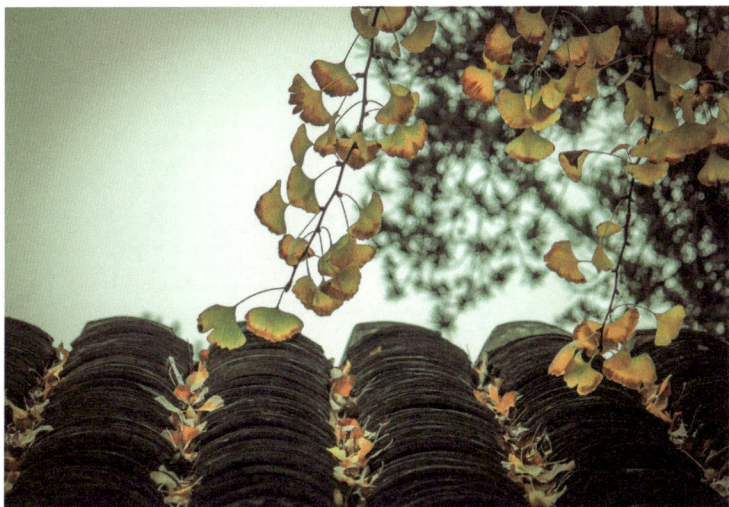

做人要能随遇而安、
随缘生活、随心自在、随喜而作；
处事要从淡处着眼、
疑处用心、无处下手、拙处力行。

能知道出世间人的生死呢？"

山神听到元珪禅师这番话后，即刻恭敬礼拜，说：
"我自许比其他的神明还要聪明正直，想不到，禅师
您有更高更广的智慧辩才。请求禅师为我传授正戒，
让我闻法解脱。"

元珪禅师说："您既然发心求受戒法，就已经是
受了戒，戒由心生，除此'心戒'之外，更无他戒
可求了。"

山神闻言，还是茫然不解，于是元珪禅师便在会
善寺的琉璃戒坛，为山神正式传授五戒。

养心法语 ——————

"山神受戒"在佛教里是一段很有名的公案，受
戒本来就是做人的根本。人往生后，正直者为神，如
有德行未全者，即为鬼，不论神鬼都应该要受持五戒。
人道如果能全，不论神也好，鬼也好，都如正人君子，
这才能趋向佛道啊！

长与短

　　唐朝的清平令遵禅师，俗姓王，东平（山东泰安）人，是翠微无学禅师的法嗣。清平令遵禅师少年时在北菩提寺落发出家，之后在滑州（河南滑县）开元寺受具足戒，后来到湖北江陵的白马寺参学，寺僧慧勤禅师向他建议，可去参拜丹霞天然禅师的法嗣翠微无学禅师，向他学习禅法。

　　一见面，清平令遵禅师便直截了当地向翠微无学禅师请问：“如何是祖师西来意？”

　　翠微无学禅师一听，便轻声地回答道：“等到这里都没有人了，我再跟你说。”

　　过了好一会儿，人都散去了，清平令遵禅师就开口说：“现在四下都没有人了，请和尚为我开示。”

　　翠微无学禅师下了座，说：“好，你跟我来。”然后就带着清平令遵禅师往竹园里走去。到了园子前，翠微无学禅师指着一丛竹子对清平令遵禅师说："为什么这竿竹子长得比较长？那竿竹子为什么长得比较短？"

清平令遵禅师闻言，虽然已若有所悟，但还是不能当下完全明白根本大意。

后来，清平令遵禅师住持于大通禅苑，有一次上堂时，便举了自己在翠微无学禅师参学的这个例子，开示大众说："当时，我的老师入了泥又入了水，就是为了要点拨我，只是我不识好恶，不能明白，因为我那时还有种种的挂碍啊！"

养心法语 ————————————————

自古以来，禅门里常以"念佛是谁"、"如何是祖师西来意"、"父母未生我之前什么是本来面目"这许多问题来做为参禅的话头。这样的话头，虽然历经不下千百万遍的询问，可是又有几个人能回答得出来呢？

其实，"祖师西来意"是以佛法传播心灯、播撒菩提种子，但是真正究竟为了什么，总难置喙。因为这种问题，不是问了人就能解答的，这必须自己内心有所体会，所谓的"西来意"，就在当下心有所悟之间。

所以，翠微无学禅师才把令遵禅师带到竹园，让他自行体悟：竹园里的竹子有长、有短，"祖师西来意"就这样有了差别。

画声音

仙崖义梵禅师是日本江户时代临济宗古月派的禅僧，不仅擅长禅画，并以幽默机智闻名，因此在当时，有人赞誉他是三百多年前的一休和尚再来。

仙崖禅师的禅画风格多元，不但能画静态的物品，而且也能画动态的牛、马、鸟、雀，可说画山像山，画水像水；甚至还有人说仙崖禅师连无相的东西都能画得出来。

不过，有一位富豪不相信，他对仙崖禅师说："禅师，听说你擅长绘画，请问你能把我的声音画出来吗？"

仙崖禅师说："你说什么？"

富豪又说了一遍："你能把我的声音画出来吗？"

仙崖禅师微笑说："我这不就是画了你的声音吗？"

这位大富长者很不服气，又说："天气很热，你能把热画得出来吗？天气寒冷，你能把冷画得出来吗？"

仙崖禅师听了就说："这有何难哉？"

旁边的人都替禅师紧张，心想，热怎么画？冷又怎么画呢？

只见仙崖禅师提起笔来，就在画布上画了一个往上爬的太阳，画里热烘烘的太阳，让观画者无不感到温暖。

仙崖禅师说："这不就是画热吗？"

接着，他再画了一张大雪飘飘、树叶凋零，俨然一幅寒冬景象的画作。众人看到这幅画，自然心生寒意。

仙崖禅师说："这不就是冷吗？"

这位富豪相当佩服仙崖禅师不凡的机智，终于诚心皈投在他门下，成为禅师的弟子。

养心法语 ————————————————

禅者悟道以后，自然有一些巧慧，因为通达了一法就是一切法，一切法就是一法；所以，事事无碍，又有什么不可能呢？

冷和热虽然是抽象的，无形无相的，但还是可以用有形有相来表达。而有形有相的事物，若从无常苦空的角度去看，一切也不是真实的形状。所以禅门常说"看山是山，看水是水；看山不是山，看水不是水"，就是这个意思了。

不是佛祖，乃真佛祖也！

唐朝的时候，年轻的洞山良价禅师曾经到过京兆（陕西西安）参礼马祖道一禅师之法嗣——兴平和尚。

良价禅师见到了兴平和尚，正想要礼拜下去，没想到，兴平和尚却立即高声大喝说："不必礼拜老朽！"

良价禅师闻言，就说："我今天要礼拜的人不是什么老朽，而是一尊佛祖！"

接着，良价禅师又补充说："信者礼拜佛祖，佛祖从来没有拒绝过。"

兴平和尚说："所以我才告诉你，老朽不是佛祖。"

良价禅师微笑说："不是佛祖，乃真佛祖也！"

这时候，兴平和尚终于回答道："好吧！彼此，彼此！"说完，也回拜了良价禅师。

二人终于由此接心，成为禅门知己。

佛门里有个规矩，如果是拜佛，大部分都是拜三拜，不会只有一拜。为什么呢？因为若是喊"顶礼三拜！"佛祖不会回答，当然只有拜三拜。但是拜人就不同了，只能一拜。因为喊顶礼某某人，人是活的，他可以开口回答："一拜！"所以，如果有人说，拜活人是三拜的话，这是不合乎佛法礼仪的。

佛法在恭敬中求，对长老固然要礼敬，而长老也要能受得人家的礼敬。洞山良价禅师欲向老师兴平和尚礼敬，兴平和尚竟以老朽不是佛祖，拒受礼拜，后来经过一番争执，二人平分秋色，彼此彼此，都是真佛祖，各自了道了。

将来到哪里？

大愚宗筑禅师是日本岐阜人，十一岁时在美浓南泉寺出家，他曾经参礼过临济宗妙心寺派一宙东默禅师等大德，是江户时期的禅僧。

他年轻时，有一次为一位信徒主持火化仪式，在整个丧葬仪礼结束后，信徒的老母亲十分悲伤，请求大愚宗筑禅师为她开示："禅师啊！我的儿子死了，他到哪里去了？"

大愚宗筑禅师回答："他平时念佛虔诚，当然是到极乐世界去了。"

那位老母亲再问："那我呢？我将来到哪里去呢？"

大愚宗筑禅师说："你又没有念阿弥陀佛，当然不会到西方极乐净土；你也没有念药师佛，也不会到东方琉璃净土，你的因缘在哪里，现在还不知道啊！"

信徒的老母亲说："您是一位有道者，怎么会对这个事情不知道呢？"

大愚宗筑禅师只好回答道："不是天堂，就是地狱，恐怕不容易在人间吧！"

最后，这老母亲疑惑地问："人间是这么难生吗？"

大愚宗筑禅师说："《法华经》里说，人身难得，你还不懂吗？"

养心法语

《法华经》里有一段故事说"人身难得"，所谓"失人身如大地土，得人身如爪上泥"，要得人身，就好像一只盲龟，漂浮在茫茫大海中；大海里有一块木板，木板上有一个小孔。盲龟要在茫茫大海中找到木板，然后穿过那个孔，爬上浮木，才能得人身。由此观察，得人身是多么的艰难。因此，有语云："人身难得今已得，佛法难闻今已闻；此身不向今生度，更向何生度此身？"

所以，禅门很重视现实的人生，都要人把握人身，确立自己，所谓"直指本心，见性成佛"，这才是禅门的真义喔！

山不高不灵

东晋时代的康僧渊，是江西豫章山的出家人，为人清素简约，低调淡泊，经常持诵《放光般若经》和《道行般若经》，并且讲说经中的义理，前来跟随他学习的僧众相当多。

康僧渊的祖先是西域人，但他出生在长安，语言行为无不受到中华文化深厚的影响。当时，他与康法畅、支孝龙等沙门往来，成为同参道友，并且和支敏度一同渡江游化。

康僧渊与康法畅经常手中持着一把拂尘，太尉庾亮看到了非常欢喜，开口问道："为什么这拂尘可以常在你们手上？这么好的东西，怎么留得住呢？"

康僧渊笑笑回答道："廉者不取，贪者不与，所在常在也！"庾亮当下语塞。

康僧渊鼻高眼深，轮廓明显，容貌相当端正。有一回，大臣王导戏谑他说："你为什么鼻子那么高？眼睛那么深呢？"

康僧渊闻言，纹风不动，淡淡地回答道："鼻者面之山，眼者面之渊，山不高则不灵，渊不深则不清。"

王导一听，不禁抚掌大笑。

养心法语

从此文中，我们可以知道康僧渊是西域人士。西域的民族和汉地的民族长相有所不同，他们的五官轮廓特别明显，所以招来大臣王导的嘲笑。但是，康僧渊也不是等闲人物，说出了"山不高则不灵，渊不深则不清"的话。因此，脸上高鼻深目不重要，明境、悟道才重要啊！

康僧渊平常随缘度众，遇到王导的批评戏谑，他也能听之淡然，随缘化导，真是言行一致之大德也！

顿渐一如

　　唐朝的江西志彻禅师，俗姓张，名行昌，是六祖惠能大师的法嗣。

　　当时的禅宗，由于五祖弘忍秘传六祖惠能衣钵，此后就有了"南顿北渐，南能北秀"之分。其实，惠能与神秀这二位南北宗的宗主，彼此间并没有互争长短的心，甚至神秀还曾向皇帝推荐迎请惠能到宫中说法。反倒是二宗门徒各为其主，水火不容，时有所争，甚至还派人加害，张行昌便是北宗门徒派去的刺客。

　　故而，张行昌身怀利刃潜入六祖的方丈室，想行刺惠能。没想到，六祖惠能大师竟然伸长脖子让他砍，行昌接连砍了多次，都无法伤到六祖分毫。

　　这时，六祖指着他预先准备好的十两黄金，对行昌说："正剑不邪，邪剑不正。我只欠你金子，并没有欠你的命。"

行昌惊惧不已，整个人吓得瘫软在地，过了许久，他才跪在地上向六祖忏悔，希望可以追随六祖出家修行。

　　六祖却说："你赶快拿着金子离开，别让我徒弟发现你是前来行刺的，否则他们会对你不利。他日你改变装束，再到我这里，我会收你为徒。"

　　行昌于是连夜离开，后来在某个寺院剃度为僧，精进苦修。有一天，他想起六祖的嘱咐，便到曹溪参礼惠能大师。

　　六祖一看到行昌就说："我挂念你已久，怎么来得这么晚。"

　　行昌回答："感谢和尚慈悲，不怪罪我。这些时日以来，弟子经常阅读《涅槃经》，可是始终无法通晓无常之理，恳请和尚开示。"

　　六祖于是为行昌宣说无常之理，他言下大悟，后来就投在六祖门下修行。

　　世间上，有尊荣的人，受的苦难也多；有权力的人，麻烦也多。甚至就是修行的人，像六祖惠能大师，由于是穷苦人出身，属于劳动阶级，后来虽然成为祖师，也不容易为人所接受。因此五祖弘忍大师才赶快叫他逃离是非之地，经过长久的年代，才敢出来行道。

　　好在他的弟子神会为他正名定位，即所谓"滑台大会"，才确定了惠能大师在禅门的地位。但是另外排挤他、暗害他的外力仍然很多，张行昌就是其中之一。幸而惠能大师也不是浪得虚名，是有真参实学的，才能免去这许多陷害。可见善恶、好坏、顺逆都是世间上正常的法则喔！

药山化缘

有一年寒冬将至，药山惟俨禅师依照常住往例，请寺里的僧人到山下化冬，以储备寺里的日用所需，化冬的僧人首站就到大护法甘居士的府上叩门。

甘居士出来应门，一看是药山禅师寺里的僧人，知道是化冬的时候到了，但故意装作不知道，问道："有什么事吗？"

僧人说："来化缘。"

甘居士接着问："请问大德是从什么地方来的？"

僧人回答："从药山来。"

甘居士点点头，语带机锋地说："药带来了吗？"

僧人微微笑，问他："不知居士有什么病呢？"

甘居士说："你不知道我有什么病，你来做什么呢？"

僧人知道这位护法居士跟他打禅机，也语带机锋地回答："今天只为治疗贪病，但无药可给，要是你能舍，就是上等的好药。"甘居士听了不再说什么，只让仆人拿了两锭银子交给僧人。

僧人收下银钱后回寺，药山禅师问："怎么这么快就回来了？"

僧人一五一十地将问答内容向药山禅师报告。

药山禅师听了脸色一沉，明白僧人辜负了施主的供养，连忙要他赶快将银子送还给居士。

僧人本以为药山禅师会大大赞赏他一番，没想到竟是如此的结果。尽管心里委屈，还是动身前去，将银子送还给甘居士。

甘居士早等在门口，看到僧人把银子送回，哈哈一笑说："你怎么回来了？"

僧人回答道："居士无病，您的妙药还您。"

甘居士一听，立刻再补上两锭银子，说："确实无病，就算祈福吧！"

布施有两种意义，一种是给，一种是受，施与受，是同等功德。等于请人吃饭，被请者万千道谢，感谢对方的赐宴；而请客者顶礼膜拜，感谢给予他有机会种植福田，所以，施、受不都有同样的功德吗？

惟俨禅师希望施主不要带着救济的心来给予，要以供养的心祈福进德。果然，甘居士到底是大护法，懂得药山的禅机，因此就加倍供养了。

祖师西来意

江西袁州杨岐山（在今萍乡上栗县）的杨岐甄叔禅师，是马祖道一禅师的法嗣弟子。

有一天，来了一位年轻的学僧，他向甄叔禅师参问道："请问老师，什么是祖师西来意呢？"

甄叔禅师也不开口回答，只是举起一串念珠，在他面前晃一晃。

甄叔禅师看着学僧一脸茫然的样子，便问："领会了吗？"

学僧摇摇头，说："学人不会。"

甄叔禅师说："你问西来祖师不就会了吗？"

学僧不懂，再问："我只懂得问你，请老师慈悲回答吧！"

甄叔禅师说："我在马祖道一大师那里虽有消息，但也不足以示人。究竟什么是祖师西来意，你也只有去请教马祖道一大师吧！"

学僧似有明白，回答道："何必要舍近求远呢？"

甄叔禅师又把念珠摇晃一下，说："这就是西来意哦！"

学僧听后，心中一亮，豁然有悟。

养心法语

过去禅僧所谓的参话头，主要都是参"念佛的是谁"、"父母未生我之前什么是本来面目"、"什么是祖师西来意"，由于达摩祖师就是从西天竺飘然而到中土中国而来，所以后来禅僧们就常常问："什么是祖师的西来意？"

佛陀降诞人间，是为了示教利喜；达摩祖师西来，是为弘法度众，接引有缘之人，这还不容易明白吗？但其实不是这么简单就能明白的，重要的是，你要明白祖师的心、众生的缘。能心领神会，深解因缘，见到人际关系处，那就不是简单的事了。

老虎吃人

禅人觉具，生肖属虎，客家人，性格清朗，刻苦耐劳，平常欢喜与人结缘，发心供应大众饭食。

一日，觉具从无德禅师面前匆匆经过，因为他生肖属虎，所以无德禅师就幽默地对他说："老虎，你可不要吃人喔！"

禅人觉具停下脚步说："这里是山林野外，并非喧嚣都市，此间哪有人可吃？"

无德禅师就说："你会把自己吃了喔！"

觉具禅人一脸疑惑，不能明白，便问："虎毒不食子，再凶猛的老虎也不会吃自己啊！"

无德禅师再说："老虎不为人，饿了就会吃自己，难道你不会把自己吃了吗？"

被称为老虎的禅僧觉具，已有多年的修持，经过无德禅师这么一点拨，终于言下有悟。

养心法语

在禅者心中，别人不能打倒我们，但自己会打倒自己；别人吃不了我们，但自己会吃了自己。眼看今日社会，多少有为的青年，由于思想不正、心术不明，因此聪明反被聪明误，真的是虎不吃人，自己却吃了自己，这不就是无德禅师问觉具禅僧的"难道你不会把自己吃了吗？"

所谓"色不迷人人自迷，酒不醉人人自醉"，长久居住于山林，若没有人间的慈悲、没有人间的往来交流，就只是居住在深山丛林，与草木同腐朽，没有了慈心悲愿，那不就等于是自己把自己吃了吗？

老虎饿了吃人，是因为它不修行不开悟，只有流转六道，假如能悟道，就能做人、做菩萨了。无德禅师对觉具禅僧的鼓励，是要他不只是在饭食里转来转去，五欲六尘，终会淹没人性。能把老虎的习性革除，能把人好逸恶劳的习惯去了，那么悟道也就不为难了。

牵着鼻子走

北宋隆兴府的宝峰克文禅师，是陕府阌乡人，得法于黄龙慧南禅师。

有一天，克文禅师上堂说法，说了一句："我不敢轻视各位，你们都可以成佛。"说完之后就沉默不语，双眼环顾着大众。

一位学僧鼓起勇气站出来，提问道："刚才老师说我们都可以成佛，请问老师，成的是什么佛呢？"

克文禅师看了他一眼，忽然哈哈大笑。

学僧没想到这个问题竟然引得老师发笑，顿时不知所措，涨红着脸再问："学人提出的问题有什么好笑吗？还请老师为学人释疑。"

克文禅师收起笑脸，认真地看着他说："我笑你被我左右，就像被人牵着鼻子走一样，你何必因为我一个笑声就这样动心呢？"

禅师的话引起其他僧众哄堂大笑，那位学僧心有不甘，悻悻然说："就当作学人失算，被老师愚弄了吧！"

说完便准备顶礼而退，克文禅师忽然大喝："不要礼拜！"

学僧觉得自己颜面尽失，一转身就走回群众里。

克文禅师看着他的背影，摇摇头说："可惜，你现在给自己的情绪牵着鼻子走了。"

养心法语

禅功不够的人，都会被境界所牵引，就连苏东坡，也禁不起佛印禅师的一句"放屁"，就生气了。一般禅功不深的人，对外境所谓的八风，即称、讥、毁、誉、利、衰、苦、乐，很容易就让八风左右了人心。就如我们平常的生活，人家赞美我们衣服漂亮，我们就高兴，其实，衣服漂亮对自己有什么关系呢？那不是让自己成为衣架子了吗？又如买一部流线型的汽车，也希望好个面子，好像自己的面子就是汽车，这不是失去自己了吗?

　　所以，吾人既立身于天地之间，却给喜怒哀乐牵着鼻子走，良可慨也!

找到住处了

唐代黄檗希运禅师的弟子睦州道明禅师，俗姓陈，向来行事低调。凡有人来参问，都是随问随答，不假辞色，因而受四方学人的皈敬仰慕，人称"陈尊宿"。

某天，有一位云水僧慕名前来拜访睦州道明禅师。

道明禅师问他："你是云水僧吗？"

云水僧回答："是的。"

道明禅师淡淡地说："那么，就先去拜佛吧！"

云水僧大声说："拜那个土堆做什么？"

道明禅师看了他一眼，喝斥他："不拜土堆，就请你自己把它带出去吧！"

云水僧说："它已经跟我五十年了，我要把它带到哪里去呢？"

道明禅师说："哦！原来你不是我慢。"

云水僧又说:"法性平等,心、佛、众生三无差别,老师跟我何必要分什么彼此呢?"

道明禅师听了,点头说:"既然不分彼此,你还是先去拜过佛再说吧!"

云水僧至此,便听从道明禅师的吩咐。拜过佛之后,就站立在一旁。

道明禅师再说:"你是有道高人,来此何为?"

云水僧恭敬回答道:"并无他意,只是拜见道明如来。"

道明禅师反问云水僧:"我既是如来,那你是什么呢?"

云水僧说:"我不算什么,只是如如而来,也会如如而去。"当即转身就走。

道明禅师赞叹道:"这位禅者已经找到住处了。"

养心法语 ———————————

禅者,顶天立地,舍我其谁,即所谓"男儿自有冲天志,不向如来行处行"。假如一开始云水僧就遵照道明的指示去拜佛，那么他自己与佛就是对立的，当然他就只是一个平常的凡夫了。

可是，这位云水僧却能说出"佛性平等"的大话，可见他已有见地。此时，道明再叫他拜佛，云水僧就拜了，因为他知道云水僧已了解佛佛平等、光光无碍了。所以，禅门讲先悟后修，既是有见地，那么就是如黄檗禅师所说："不著佛求，不著法求，不著僧求，当作如是求也！"